Vahlen allerArt ■

DAS DESIGN YOUR FUTURE PLAYBOOK

- VERÄNDERUNGEN ANSTOSSEN
- SELBSTWIRKSAMKEIT STÄRKEN
- WOHLBEFINDEN STEIGERN

MICHAEL LEWRICK

JEAN-PAUL THOMMEN

VISUALISIERUNG:
ACHIM SCHMIDT

Vahlen

allerArt

Bibliografische Information der Deutschen Nationalbibliothek

Die Deutsche Nationalbibliothek verzeichnet diese Publikation in der Deutschen Nationalbibliografie; detaillierte bibliografische Daten sind im Internet über http://dnb.dnb.de abrufbar.

Umschlagbild und Illustration: Achim Schmidt · Illustration/Visualisierung, Graphic Recording, Visual Storytelling, Trainings für Sketchnotes

Satz und Herstellung: Versus Verlag · Zürich
Druck und Bindung: Westermann Druck Zwickau GmbH · Zwickau
Printed in Germany

ISBN (Versus Print) 978-3-909066-16-2
ISBN (Vahlen Print) 978-3-8006-5977-7
ISBN (Versus E-Book) 978-3-909066-17-9
ISBN (Vahlen E-Book) 978-3-8006-5978-4

Das ist das DYF Playbook von:

. . . .

Über die Autoren

Michael Lewrick hat sich in den letzten Jahren sehr intensiv mit dem Mindset auseinandergesetzt, das uns befähigt, verschiedene Arten von Problemstellungen zu lösen. Er ist unter anderem Autor des internationalen Bestsellers «Das Design Thinking Playbook», in dem er die achtsame Transformation von Menschen, Teams und Organisationen beschreibt. Er arbeitet intensiv mit Hochschulen, Universitäten und Unternehmen zusammen und setzt die Selbstwirksamkeit von Menschen, in persönlichen und organisatorischen Veränderungsvorhaben, in den Mittelpunkt seiner Aktivitäten.

Jean-Paul Thommen beschäftigt sich seit Jahren mit dem Thema Coaching sowie der Entwicklung von Studierenden und Führungskräften. Er hat unter anderem an der European Business School (Wiesbaden) ein Coaching-Programm aufgebaut, das bereits Tausende von Studierenden durchlaufen haben. Sein Buch «Coaching» ist eines der Standardwerke auf diesem Gebiet. Er ist Professor und Dozent an verschiedenen Universitäten und Hochschulen auf den Gebieten Leadership, Organisationsentwicklung und Unternehmensethik. Zudem berät er seit vielen Jahren Unternehmen in diesen Themen.

Unser Motto:
Mehr wollen, weniger müssen!

Inhalt

Warum wir dich mit auf diese Reise nehmen

Weil Einfühlungsvermögen und Selbstwirksamkeit zentral sind, um sich weiterzuentwickeln.

Weil du Momente hast, wo du dich fragst, was als Nächstes kommt.

Weil dein Leben eines der größten und komplexesten Projekte ist.

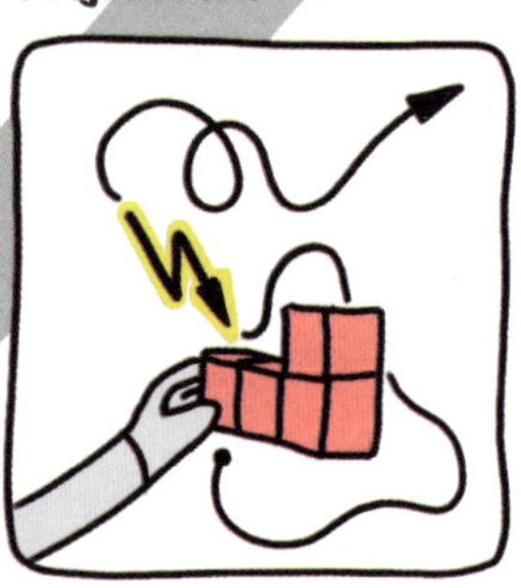

Und vor allem weil du jederzeit selber eine Veränderung anstoßen kannst.

Weil Design Thinking ein ganzheitlicher Ansatz ist, der dir Werkzeuge an die Hand gibt, um tiefer zu graben.

Weil ein positives Mindset dazu beiträgt, deinem Leben mehr glückliche Momente zu bereiten.

Weil eine andere Betrachtung von Problemen hilft, Veränderungen zu erreichen.

Weil ein selbstwirksam gestaltetes Leben ein glückliches Leben ist.

Weil sich ein Leben, das du dir bildlich vorstellen kannst, besser realisieren lässt.

Vorwort

Wir möchten in diesem DESIGN YOUR FUTURE (DYF) Playbook eine Auswahl an Techniken und Strategien vorstellen, die helfen, eine Veränderung anzustoßen. Diese Werkzeuge funktionieren am besten, wenn sie abgestimmt auf die jeweilige Situation angewandt werden und unser Umfeld ebenfalls weiß, auf welcher «Reise» wir uns gerade befinden. Deshalb macht es durchaus Sinn, dass unser Umfeld (Familie, Freunde, Kollegen) ebenfalls das DYF Playbook zur Hand hat und sich selbst oder mit uns auf diese Reise begibt. Wir werden im Umgang mit DYF schnell merken, dass die Veränderung auch viel mit unserem sozialen Umfeld zu tun hat. Spätestens wenn wir über unser Eigen- und Fremdbild sprechen, ist es integraler Bestandteil unseres sozialen Systems.

Wie auch im Design Thinking dient der vorgestellte DYF-Prozess der Orientierung, also zu wissen, wo wir uns im DYF-Zyklus befinden. Eine flexible Anwendung, abgestimmt auf die Situation und das jeweilige Thema, ist entscheidend für den Erfolg. Schließlich sind die Wirkung und Wirksamkeit entscheidend.

Zudem ist es uns sehr wichtig, am Anfang dieses Playbooks darauf hinzuweisen, dass es Themen gibt, die eine sehr große Komplexität haben oder bei denen die Emotionen es nicht zulassen, dass wir uns selbst helfen. Bei solchen Anzeichen ist es wichtig, ein professionelles Coaching – bei einer entsprechenden Fachperson – in Anspruch zu nehmen. Sie beißen nicht!

Michael Lewrick und Jean-Paul Thommen

Einführung

Wie ist das DYF Playbook gegliedert?

Wir haben das Buch bewusst in zwei Teile gegliedert.

Im ersten Teil begleiten wir Sue und Helmut bei ihren Wünschen nach Veränderung. Wir stellen Strategien und Techniken vor, die helfen, selbstwirksam zu handeln. Typische Fragen sind:

- Woran habe ich Freude?
- Was raubt mir die Energie und wie tanke ich Energie auf?
- Welche kleinen Veränderungen kann ich selbst anstoßen und damit experimentieren?
- Wie kann ich die Veränderungen umsetzen?

Im zweiten Teil gehen wir auf die großen Entscheide und Veränderungen im Leben ein. Der Fokus liegt bewusst auf der Berufs- und Karriereplanung, da wir festgestellt haben, dass es ein Thema ist, mit dem wir uns von der Schule bis ins Rentenalter immer wieder in regelmäßigen Abständen konfrontiert fühlen. Wir begleiten Stephan in der Frage seiner Karriereplanung. Typische Fragen sind:

- Wo liegen meine Fähigkeiten und Talente?
- Wo kann ich diese gewinnbringend einsetzen?
- Wie finde ich heraus, was mir gefällt, um die passende Wahl in Bezug auf Studium, Beruf und Karriere zu treffen?
- Wie entscheide ich mich zwischen unterschiedlichen Möglichkeiten?
- Wie bereite ich mich darauf vor, die Komfortzone zu verlassen und eine Veränderung anzustoßen?

Wie wenden wir dieses Playbook am besten an?

Das DYF-Buch gibt uns unterschiedliche Strategien und Techniken an die Hand, um den Prozess der Veränderung zu starten. Wir empfehlen, zuerst Teil 1 im Buch durchzuspielen und in einem zweiten Schritt Teil 2, falls das Thema Beruf und Karriere aktuell ein zentrales Thema ist.

Es ist niemals zu spät, eine Veränderung anzustoßen.

Die vorgestellten Strategien, Techniken und Beispiele dienen als Hilfestellung, die wir je nach Situation anpassen.

- Wir orientieren uns am vorgestellten DYF-Prozess.
- Wir setzen die Anweisungen um und füllen die leeren Seiten mit unseren Gedanken.
- Wir notieren unsere Wünsche, skizzieren unsere Etappen und bewerten unsere Erfahrungen.
- Wir finden einen Weg der Veränderung basierend auf unseren eigenen Bedürfnissen.
- Das Erreichen von Selbstwirksamkeit soll dabei zu unserem zentralen Arbeitsmotto werden.
- Wir nehmen uns Zeit für diese Reise, in der wir mehr über uns selbst lernen, Neues ausprobieren und schrittweise die Veränderung einleiten.
- Wir nehmen die Beispiele von Helmut, Sue und Stephan als Inspiration und als Orientierungshilfe für die Anwendung der vorgestellten Werkzeuge.

Wer sind Helmut, Sue und Stephan?

Helmut, Sue und Stephan sind Menschen wie du und ich. Sie sind – wie wir vielleicht auch – an einem Punkt im Leben angekommen, wo sie etwas verändern möchten. Die drei fiktiven Charaktere (sogenannte Personas) arbeiten an verschiedenen Stellen im DYF-Buch an ihren neuen Lebensetappen und geben uns so eine Hilfestellung bei der Anwendung der vorgestellten Werkzeuge.

Für **Helmut** beginnt gerade ein neuer Lebensabschnitt. Nach einer erfolgreichen Karriere im Außendienst geht er mit 55 in Frührente. Die Kinder sind bereits aus dem Haus. Er hat jetzt Zeit für seine Hobbys und für seine große Leidenschaft, das Motorradfahren.

Aber der neue Lebensabschnitt hat auch seine Tücken, so braucht die Beziehung zu seiner Frau neue Akzente. Zudem möchte Helmut diesen Lebensabschnitt aktiv gestalten und nutzt dafür einige DYF-Werkzeuge.

Unsere zweite Persona heißt **Sue** und sie ist Mitte 30. Nach Studium und internationaler Karriere im Bereich Marketing realisiert sie, dass etwas in ihrem Leben fehlt.

Sue wünscht sich einen Lebenspartner. Zudem vermisst sie ihre Eltern und Geschwister, die in der Schweiz leben. Ihr Leben und ihre Arbeit in Hongkong ist spannend und anspruchsvoll, aber auf Dauer nicht erfüllend.

Stephan steht noch am Anfang seiner beruflichen Karriere. Er hat gerade seinen Bachelor in Wirtschaftsinformatik abgeschlossen und ist unentschlossen, ob er einen Master machen oder einen Job in einem Start-up annehmen soll.

Das Start-up klingt spannend, doch hat Stephan keinerlei Berufserfahrung. Stephans Vorbild war bislang immer sein älterer Bruder Alex. Dieser hatte nach seinem Bachelorabschluss unmittelbar den Master gemacht. Jetzt ist er in den letzten Zügen seiner Doktorarbeit und sein großer Traum ist es, in New York City zu leben und zu arbeiten. Jedoch scheint Stephan dieser Weg auch sehr mühsam und langwierig.

Auf Stephan und Alex, die beide vor großen Schritten der Veränderung stehen, kommen wir im zweiten Teil des DYF-Buchs zurück. Warum dies erst im zweiten Teil passiert und wir mit den kleinen Veränderungen starten, werden wir noch erklären.

Die drei fiktiven Charaktere sind aus unserer DYF-Arbeit in Unternehmen, Universitäten und aus unzähligen Coaching-Sessions entstanden. Alle drei Charaktere haben eine Veränderung angestoßen und ihr Leben in eine neue Bahn gelenkt. Für sie ist DYF ein stetiger Prozess der Reflexion, Selbstwirksamkeit und Justierung geworden, der niemals abgeschlossen ist. DYF wurde zur Basis für die Gestaltung eines zufriedenen und glücklichen Lebens.

Für uns alle rückt die individuelle Gestaltung eines erfüllten Lebens immer mehr ins Zentrum, da die Welt, in der wir leben, zunehmend komplexer wird und hohe Leistungsansprüche an uns stellt. Die steigende Komplexität und die hohen Leistungsansprüche sind schwer aufzuhalten und so bleibt uns nichts anderes übrig, als Strategien zu entwickeln, um bestmöglich damit umzugehen. Denn die Wirklichkeit ist spannend und wir können unser persönliches Drehbuch des Lebens selber schreiben, wenn wir möchten!

«Wenn deine Denkhaltung unvoreingenommen ist ... ist sie offen für alles. Im Kopf eines Anfängers gibt es viele Möglichkeiten, aber im Kopf des Experten gibt es nur wenige.»

– Shunryu Suzuki

Was ist Design Thinking?

Beim Design Thinking adaptieren wir Arbeitsweisen, die sonst Designer anwenden. Wir nutzen deshalb im Design Thinking ein iteratives Vorgehen von der Problemstellung bis zur Problemlösung. Unterstützt durch verschiedene Kreativitätstechniken ist es das Ziel, möglichst viele und teilweise «wilde» Ideen zu generieren. Die kreative Arbeitsweise soll unsere beiden Gehirnhälften ansprechen. Auf unserer «Reise» zu einer Lösung sind Iterationen, Sprünge und Kombinationen von Ideen wünschenswert, um schließlich eine Lösung zu erhalten, die den Bedürfnissen der Menschen entspricht. Auf dem Weg zur Lösung ist eine hohe Fehlertoleranz, besonders in einer frühen Phase, wertvoll. Die in diesem Buch vorgestellten Techniken und Strategien sind Mittel zum Zweck, das heißt, wir passen die Werkzeuge immer an unsere Situation an.

Ein zentraler Aspekt des Design Thinking Mindsets ist es, sich frei zu machen von Vorurteilen und Annahmen. Also offen zu sein für eine Welt der Möglichkeiten, weil wir am Anfang der «Reise» noch nicht wissen, was möglich ist und was nicht.

Im Design Thinking nutzen wir zudem eine Persona, also einen fiktiven Charakter, der bestimmte Bedürfnisse hat und für den wir eine Lösung erarbeiten. Im DYF-Buch haben wir ebenfalls Personas genutzt, jedoch mit dem Ziel, zu zeigen, wie eine fiktive Person ein Problem löst. Die jeweiligen Lösungen sind lediglich Beispiele für eine individuelle Veränderung. **Es sind keine Musterlösungen und Empfehlungen der Autoren für das Leben!**

Auf den Design-Thinking-Prozess und das Mindset, welches wir im DYF-Buch verwenden, gehen wir später noch genauer ein.

Das Design Thinking Mindset bedeutet:
- Wir **verabschieden uns von Vorurteilen** darüber, **«wie Dinge funktionieren».**
- Wir **legen Erwartungen** darüber **beiseite,** was passieren wird.
- Wir **sind neugierig,** um **Sachverhalte und Probleme in der Tiefe zu verstehen.**
- Wir **öffnen** uns für **neue Möglichkeiten.**
- Wir stellen **einfache Fragen.**

Wer mehr über Design Thinking erfahren möchte:
- «Das Design Thinking Playbook» von Michael Lewrick, Patrick Link und Larry Leifer
- «Das Design Thinking Toolbook» von Michael Lewrick, Patrick Link und Larry Leifer

60 Minuten Warm-up «Zurück in die Zukunft»

Stell dir vor, du kannst mit Marty McFly und «Doc» Brown aus der erfolgreichen Filmtrilogie «Zurück in die Zukunft» eine Zeitreise unternehmen. Dein TIMER ist in die Zukunft gerichtet und zwar **genau auf heute in zehn Jahren.**

DESTINATION TIME

Tag	Monat	Jahr

1) Starte die Reise! 10 min

Die Reise geht los. Es gab einen kurzen Blitz, blendendes Licht und du kommst in der zukünftigen Version deines Lebens an. Wie wir aus «Zurück in die Zukunft» wissen, gibt es manchmal Risse im Raum-Zeit-Kontinuum und du bist möglicherweise an einen ganz anderen Ort in der Zukunft teleportiert worden.

Mach eine Skizze von dem, was du in dieser Zukunftsvision spontan siehst.

Denkst du, du kannst nicht skizzieren?
Benutz diese Sketching Shorthands oder mach deine eigenen.

2) Reflektiere deine Reise durch das Raum-Zeit-Kontinuum!

a) Was ist das entscheidende Merkmal deiner Vision von der Zukunft deines Lebens?

5 min

b) Welchen Menschen waren in deinem Umfeld? Waren sie ähnlich wie heute oder anders?

5 min

3) Schreib eine Schlagzeile in der Zeitung der Zukunft!

10 min

Schreib die Überschrift und die ersten beiden Sätze der Story deines Lebens. Denk daran, dass die Presse nicht nur die Situation beschreibt, sondern vor allem die Neuigkeiten hervorhebt.

4) Act it out!

10 min

Erzähl jemanden aus deinem Umfeld über deine Reise in die Zukunft. Sprich mit Freunden, Bekannten und Familie darüber.

Zeig deine Zukunftsvision einer dritten Person und frag, was sie davon hält.

5) Erstell eine Zeitleiste!

10 min

Überleg dir vier Etappen, ab heute, die dich zu deiner Vision in zehn Jahren bringen.
Zeichne die Stationen auf einer Zeitachse ein.

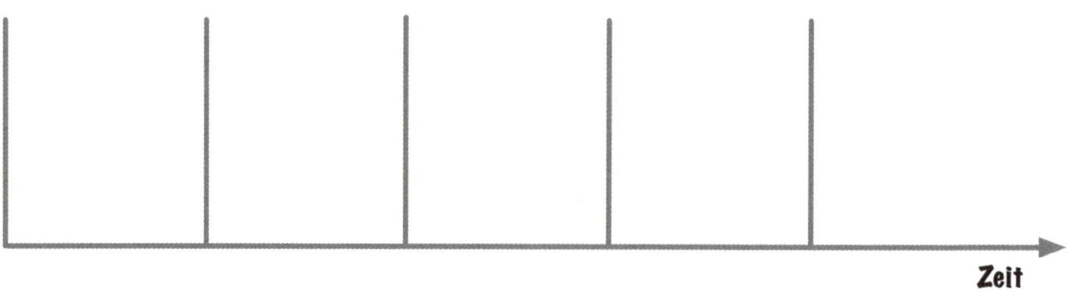

6) Rahmenbedingungen

5 min

Überleg dir drei Bedingungen, die sich verändern müssten, damit du die erste Etappe angehen könntest.

7) Investiere fünfzehn Minuten, jetzt!

15 min

Tu etwas, das die Veränderung einleitet. Stell zum Beispiel eine To-do-Liste zusammen oder browse im Internet, um mehr darüber zu erfahren, was du machen möchtest, oder unternimm einfach einen verträumten Spaziergang, auf dem du dir die Zukunft vorstellst.

Einige dieser Handlungen werden uns weiterbringen, andere sind eine Sackgasse. Aber jede Veränderung bewirkt etwas Positives. Verwende verworfene Lebenspläne, um daraus zu lernen und deine Zukunft zu gestalten!

DYF Mindset anwenden

In unserem Warm-up «Zurück in die Zukunft» haben wir uns bereits eine mögliche Zukunft vor dem inneren Auge vorgestellt. Aber im «DESIGN YOUR FUTURE» geht es um mehr: Wir möchten vor allem weniger Stress, mehr Wohlbefinden und eine größere Zufriedenheit. Und wer von uns wünscht sich das nicht? Viele Menschen sind mit ihrem aktuellen Leben unzufrieden: im Job, in der Beziehung, mit ihren Lebensumständen. Anlass genug, daran etwas zu ändern und selber aktiv zu werden? Wenn nicht jetzt, wann dann?
«DESIGN YOUR FUTURE» basiert auf dem Design Thinking Mindset. Diese Denkhaltung hilft dir, deine Zukunft bewusst zu gestalten.

Welches Mindset hilft uns, die Veränderung anzustoßen?

Das Design Thinking Mindset stößt aktiv eine positive Veränderung und Transformation an. Es ist also höchste Zeit, dieses Mindset auf das Thema Lebensgestaltung anzuwenden – und zwar jetzt!

Um unser Leben zu verändern, braucht es etwas Mut, die Fähigkeit zur Selbstreflexion, die Bereitschaft zur Selbstkritik und schließlich eine persönliche Vision der Veränderung. Das «DESIGN YOUR FUTURE» Mindset gibt uns Techniken an die Hand, die helfen, das eigene Leben weiterzuentwickeln. Dazu zählen die Erkundung der eigenen Bedürfnisse, die Suche nach neuen Ideen wie auch die Bereitschaft, Neues auszuprobieren, bevor wir die Veränderung in sich wiederholenden Schritten anstoßen.

Das Design Thinking Mindset ist geprägt von Neugierde, Offenheit, Zusammenarbeit und pragmatischem Ausprobieren.

Das DESIGN YOUR FUTURE Mindset

Wir akzeptieren, dass wir auf einer Reise sind.

Es geht weniger um das Ergebnis als darum, wie wir uns dabei fühlen.

Wir lassen uns von anderen Menschen helfen.

Sich weiterentwickeln ist ein kollaborativer Prozess, weil neue Ideen, Einsichten und Feedback uns helfen, unser Leben so zu verändern, wie wir es uns wünschen.

Wir sind neugierig.

Neugierde bereitet unser Gehirn für das Lernen neuer Dinge vor.

Wir probieren Neues aus.

Experimente helfen, unsere Annahmen zu prüfen und Visionen zu testen.

Wir betrachten Probleme aus verschiedenen Blickwinkeln.

Situationen, die in ein neues Licht gerückt werden, geben Raum für neue Lösungen.

Im «DESIGN YOUR FUTURE» durchlaufen wir somit – wie im Design Thinking – folgende Phasen: Verstehen, Beobachten, Standpunkt definieren, Ideen finden, Prototypen entwickeln und Testen.

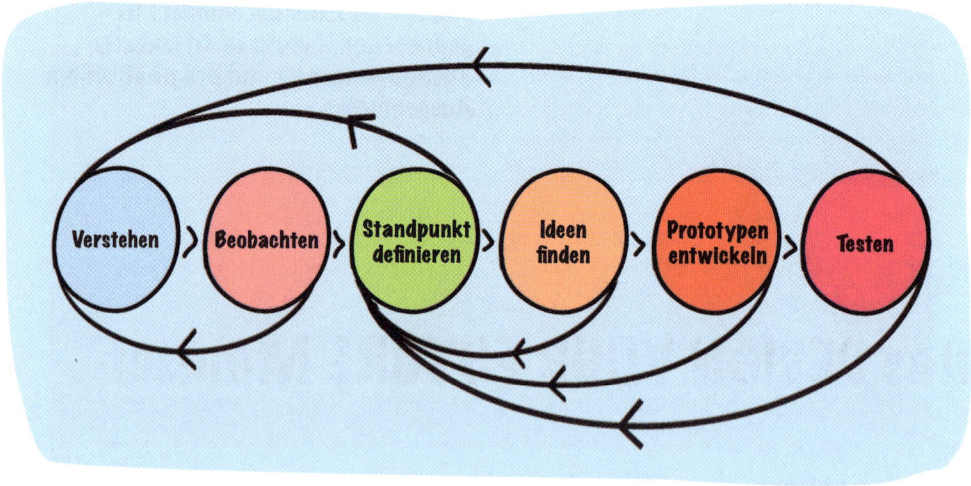

Wir werden diesen Prozess im DYF-Buch immer wieder als Orientierungshilfe nutzen, sodass wir jederzeit wissen, wo wir stehen.

Am Anfang ist der Weg zur gewünschten Veränderung unbekannt. Die Veränderung erfolgt in vielen kleinen, iterativen Schritten.

Ein Grundansatz im Design Thinking ist es, den Menschen mit seinen Bedürfnissen und Werten in den Mittelpunkt unserer Überlegungen zu stellen. Wir haben Aufgaben zu erfüllen (Jobs-to-be-done), erleben Erfahrungen, die uns besonders glücklich machen (Gains), und überstehen Situationen, die uns frustrieren (Pains). Dieser auf uns Menschen ausgerichtete Fokus ist ein Kernelement, sodass Design Thinking oft auch als Human Centered Design bezeichnet wird. Wir versuchen also, tiefe Einblicke in die Bedürfnisse von Menschen zu erhalten. Im Fall von «DESIGN YOUR FUTURE» tiefe Erkenntnisse über uns selbst. Dies passiert hauptsächlich mit Hilfe von Selbstreflexion und Fremdbildern, die von unserem sozialen Umfeld kommen können.

Sich jetzt damit auseinanderzusetzen ist eigentlich optimal, da in diesem Moment bereits eine Motivation zur Veränderung vorhanden ist. Nicht zuletzt, weil wir uns mit dem Thema «DESIGN YOUR FUTURE» beschäftigen. Mit anderen Worten: Wir können uns vorstellen, in einer Zukunft zu leben, die uns erfüllt und in der wir uns besser fühlen. Wir möchten Probleme, die wir erkannt haben, von verschiedenen Seiten beleuchten und anders darauf reagieren als bisher. Wir haben den Mut, proaktiv zu denken, zu handeln und unsere Möglichkeiten wahrzunehmen.

Design Thinking hat den Anspruch, komplexe Problemstellungen mit einer kreativen Leichtigkeit zu lösen – und wo gibt es komplexere Fragestellungen als in unserem Leben?

In einer Standortbestimmung möchten wir als Erstes Themen sammeln, ohne diese zu werten.

1) Welche Themen möchtest du verändern, zum Beispiel Freizeitgestaltung, Beziehung, Karriere?

Wir fragen uns: Wer bin ich? Was mag ich? Was läuft gut, was weniger gut? Was habe ich in der Vergangenheit bereits versucht, um meine Situation zu ändern? Was hat dazu beigetragen, dass es bereits etwas besser ist?

Zudem können wir festhalten, welche Fähigkeiten und Talente wir besitzen. Also Kompetenzen, die uns von anderen unterscheiden. Wir können zum Beispiel besonders gut zuhören oder haben Freude daran, mit Zahlen zu arbeiten.

Hochleistungssportler sind zum Beispiel in einer bestimmten Disziplin besonders gut. Eine Kugelstoßerin hat die Fähigkeit und die Kraft, eine schwere Eisenkugel möglichst weit zu stoßen. Ihr «circle of competence» ist das Kugelstoßen. Deshalb wird sie keinen Marathon gewinnen.

Zu wissen, was wir gut können und wo wir unsere Talente haben, ist sehr wertvoll, egal ob wir «DESIGN YOUR FUTURE» für unsere Karriere, Gesundheit oder Beziehung anwenden.

In unserer zweiten Reflexion notieren wir uns, was wir besonders gut können.

2) Was kannst du besonders gut? Wo hast du ein Talent? Was macht dir Freude?

Wir können das Leben zwar nicht bestimmen, aber wir können beeinflussen, wie wir uns selbst sehen!

Hochleistungssportler nutzen ein weiteres Konzept, das für DYF sehr wertvoll ist. Sie nutzen zur Verbesserung ihrer sportlichen Leistung neben Selbstreflexion die bildhafte Vorstellung der athletischen Leistung vor dem inneren Auge.

«Alles, was du dir vorstellen kannst, ist real.»

- Pablo Picasso

Aus diesem Grund werden wir im DYF-Buch immer wieder dazu ermutigen, unsere Etappen und Ziele vor dem inneren Auge zu visualisieren oder zu skizzieren. Diese bildhafte Vorstellung hilft uns bei der Umsetzung von unseren Veränderungswünschen. An der Stanford University wurde zum Beispiel der Satz geprägt: **«What you foresee is what you get.»**

In unserem Sportbeispiel würden wir uns zuoberst auf der Siegertreppe sehen.

Das Ergebnis von «DESIGN YOUR FUTURE» ist eine Vorstellung davon, was wir in Zukunft anpeilen und was dabei hilft, das gewünschte Ziel zu erreichen.

An dieser Stelle noch ein kleiner Trick, um am Ende mit den erreichten Ergebnissen auch wirklich zufrieden zu sein. Wir kennen das Gefühl: Wir hatten den festen Wunsch, etwas zu erreichen, und am Ende haben wir das Ziel knapp verfehlt und sind deshalb trotz des persönlichen Erfolgs unzufrieden. Besonders häufig ist dies zu beobachten, wenn wir zum Beispiel beim Sport nur den 2. Platz erreichen oder bei der Bewerbung um die Teamleitung knapp gescheitert sind. Generell neigen wir dazu, uns nach oben zu orientieren und zu vergleichen, was uns dazu motivieren kann, besser zu werden. Aber oftmals fühlen wir uns dadurch frustriert, weil unsere momentane Leistungsfähigkeit ihre natürlichen Grenzen hat und wir sie nur im Rahmen des Möglichen beeinflussen können.

Eine geeignete Strategie zur Verbesserung der Motivation ist es, sich in Bezug auf unsere eigenen bislang erreichten Leistungen nach unten zu orientieren oder mit Leistungsschwächeren zu vergleichen. In unserem Sportbeispiel kann es das beste Saisonergebnis sein, das uns den 2. Platz einbrachte. In Bezug auf einen Wunsch der beruflichen Veränderung ist es ähnlich. So haben wir uns vielleicht bereits gegen andere interne und externe Bewerber behauptet und sind dem Ziel sehr nahe gewesen. Wir werden merken, dass wir mit dieser Einstellung ein viel besseres Gefühl haben. Dieses Mindset hilft uns besonders, wenn es um Noten, Ränge, Bestsellerlisten oder das angestrebte Karriereziel geht.

Nach dieser kurzen Einführung zu «DESIGN YOUR FUTURE» und den ersten Standortbestimmungen möchten wir uns unseren Personas zuwenden und dann konkret unsere eigene Zukunft gestalten. Sue, Helmut und Stephan werden uns vor den Übungen jeweils etwas über ihr Leben, ihre Herausforderungen, Ideen und Lösungen berichten, sodass wir die Werkzeuge ohne weitere Hilfe anwenden können.

Wer ist Sue?

Sue, 35 Jahre
- **Marketingmanagerin**
- **Internationale Karriere**
- **Single / keine Kinder**

Gains:
- **Leben als Expat in Hongkong**
- **Finanziell unabhängig**

Pains:
- **Sehnsucht nach der Familie in Europa und einer festen Beziehung.**
- **Angst, vor vielen Menschen öffentlich zu sprechen.**

Job-to-be-done:
- **Einen neuen Lebensabschnitt mit anderen Prioritäten anstoßen.**

Suzanna – oder Sue, wie sie sich selber liebevoll nennt – hat eigentlich von außen betrachtet das perfekte Leben. Sie hat einen sehr guten Job bei einer Bank in Hongkong und dank eines Entsendungsvertrags als Expat einen sehr guten Lohn, um das Leben in der ehemaligen britischen Kolonie zu genießen. Trotzdem ist sie mit einzelnen Teilaspekten in ihrem Leben unzufrieden. Sie möchte deshalb mit den DYF-Werkzeugen ihr Leben verändern.

Sue ist in einfachen Verhältnissen aufgewachsen. Ihre Eltern hatten keine Möglichkeit, eine höhere Schule, geschweige denn eine Universität zu besuchen. Mit viel Ehrgeiz und einem starken Willen ist Sue die Erste aus ihrer Familie, die studiert hat. Sues Eltern kamen vor knapp dreißig Jahren als Saisonkräfte in der Gastronomie aus Rumänien in die Schweiz. Die Familie hatte grundlegende Kenntnisse über die deutsche Sprache, aber die Kultur und Lebensweise waren in der Schweiz ganz anders als in dem kleinen Bergdorf in den Karpaten, wo Sue in ihren ersten Lebensjahren aufgewachsen ist.

Sue ist sehr ehrgeizig, sie war eine fleißige Schülerin und schloss die Schule als eine der Jahrgangsbesten an ihrem Gymnasium ab. Nach langen Diskussionen erlaubten die Eltern ihrer Tochter zu studieren. Auch hier konnte Sue mit einem guten Abschluss überzeugen, obwohl sie sich durch unzählige Nebenjobs das Studium selbst finanzieren musste. Nach dem Studium war der Berufseinstieg für Sue nicht so einfach. In vielen Bewerbungsverfahren musste sie feststellen, dass am Ende andere Kandidaten und Kandidatinnen bevorzugt wurden.

So hatte Sue keine andere Wahl, als erst einmal ein weiteres Praktikum und im Anschluss daran eine befristete Stelle im Rahmen einer Schwangerschaftsvertretung anzunehmen. Sue konnte sich jedoch in dieser Zeit ein gutes Netzwerk in der Firma aufbauen und durch ihre gute Arbeit überzeugen, sodass ihr am Ende eine Festanstellung in der Marketingabteilung angeboten wurde. Nach einigen Jahren im Job und vielen internen Weiterbildungen kommt ihre große Chance. Sue wird eine Managementposition in Hongkong angeboten.

Für Sue stellte dies einen großen Karrieresprung dar. Inzwischen hat sie fünf anspruchsvolle Jahre in Hongkong erleben dürfen, aber sie merkt zunehmend, dass ihr Europa und ihre Familie fehlen. Zudem ist Sue immer noch Single. Durch ihre offene und direkte Art lernt sie zwar oft Männer kennen, aber mit einer längeren Beziehung hat es bislang nicht geklappt. Jetzt, mit 35 Jahren, realisiert sie, dass sie ihr Leben verändern möchte. Sie macht sich durch Selbstreflexion bewusst, wo sie im Leben steht.

Selbstreflexion von Sue – Wo steht sie im Leben?

Beziehung	X				
Freizeit					X
Arbeit			X		
Gesundheit				X	

Der Wunsch nach einem Partner, die berufliche Veränderung und die damit verbundene Sehnsucht, wieder in Europa leben zu wollen, werden ihr durch diese Selbstreflexion immer bewusster.

Nun gilt es herauszufinden und zu definieren, in welchen Punkten sich jeder von uns weiterentwickeln möchte: Karriere, Freizeit oder unsere Lebensweise – die Möglichkeiten sind vielfältig. In unserer einleitenden Standortbestimmung auf Seite 28 hatten wir bereits Themen gesammelt. Diese möchten wir jetzt bewerten und zueinander ins Verhältnis setzen, um die Handlungsfelder zu identifizieren, wo wir uns Veränderung am stärksten wünschen.

Mögliche Handlungsfelder können zum Beispiel Beziehung, Freizeit, Arbeit und Gesundheit sein. Für größere Wünsche der Veränderung in Bezug auf die Berufs- und Karriereplanung haben wir ab Seite 182 noch weitere Strategien und Techniken bereitgestellt.

Wir starten unsere Reise mit einem pragmatischen Screening, wo wir aktuell im Leben stehen:

Selbstreflexion: Wo stehst du im Leben?

Design Your Future

Beziehung					
Freizeit					
Arbeit					
Gesundheit					
....					

Zudem können wir weitere Kategorien oder Subkategorien definieren, die für unsere Lebensplanung von Relevanz sind. Vielleicht haben wir aktuell eine Krise in der Beziehung, weil unsere persönlichen Wünsche und diejenigen von unserem Partner/unserer Partnerin auseinandergehen. Dann können wir einen stärkeren Fokus auf das Thema Partnerschaft legen und uns auf bestimmte Themen wie zum Beispiel Freizeitgestaltung, Sexualität, Familienplanung, Kommunikation oder Treue fokussieren.

Nach allem, was wir von Sue erfahren haben, wird sie sich bestimmt des Themas Beziehung annehmen. Die Situation, nicht in einer festen Beziehung zu sein, belastet sie neben der Jobsituation am stärksten.

Design Your Future

Gibt es konkrete Punkte, die dich beschäftigen und die du aktiv verändern möchtest?

Design Your Future

Wenn du möchtest, kannst du diese Subkategorien auch nochmals zueinander ins Verhältnis setzen oder die Matrix für andere Kategorien nutzen:

....					
....					
....					
....					

....					
....					
....					
....					

Wie alles zusammenhängt

Aus der zuvor durchgeführten Selbstreflexion können wir die Themen und Punkte ableiten, die wir verändern möchten. Sue möchte zum Beispiel eine Veränderung im Bereich Beziehung und Beruf. Meist gibt es einen oder zwei Teilbereiche, bei denen wir uns wünschen, etwas zu verändern. Wir können jedoch davon ausgehen, dass all diese Lebensbereiche in einem Zusammenhang miteinander stehen. Bildlich gesprochen können wir uns ein Mobile vorstellen. In seiner Funktion hält es alles im System zusammen und die einzelnen Elemente beeinflussen sich gegenseitig.

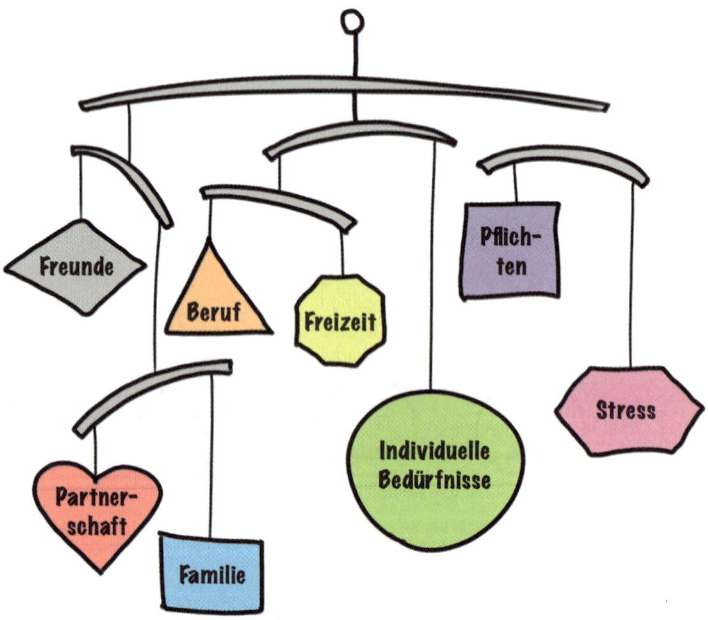

Die Unzufriedenheit im Job äußert sich zum Beispiel mit körperlichen Beschwerden wie Stress oder Kopfschmerzen, was zur Folge haben könnte, dass wir nicht schlafen können. Wichtig ist es dabei, zuerst in kleinen Schritten unser aktuelles Leben zu verändern, sodass wir Energie für größere Veränderungen haben. Oft stößt etwas Kleines etwas Großes an oder weist die Richtung der Veränderung.

Wie finden wir heraus, was wir wollen?

Im Design Thinking arbeiten wir zum Beispiel mit Empathie-Landkarten und Tiefeninterviews, die uns helfen, mehr über einen Menschen zu erfahren. Im «DESIGN YOUR FUTURE» müssen wir aber noch einen Schritt weitergehen und die Fähigkeit entwickeln, Achtsamkeit auf uns selbst zu richten und durch Selbstbeobachtung zu neuen Erkenntnissen zu kommen. Ziel ist es, eine Vogelperspektive (Metaebene) einzunehmen. Wir möchten also herausfinden, was uns im Leben Freude bereitet und welche Situationen und Erfahrungen uns unglücklich machen. Diese Art der Reflexion hilft uns, Störfaktoren und ungünstige Dynamiken zu identifizieren, die das System aus der Balance bringen können.

Aus diesem Grund erweitern wir den anfangs vorgestellten Design-Thinking-Prozess mit zwei Phasen: Akzeptanz und Selbstreflexion. Hieraus ergeben sich insgesamt acht Phasen, die uns als Orientierungshilfe dienen und Auskunft geben, wo wir uns gerade im «DESIGN YOUR FUTURE»-Zyklus befinden. Wir haben diese acht Phasen zusätzlich als Farbleiste im DYF Playbook integriert, sodass wir immer wissen, wo wir gerade im Prozess stehen.

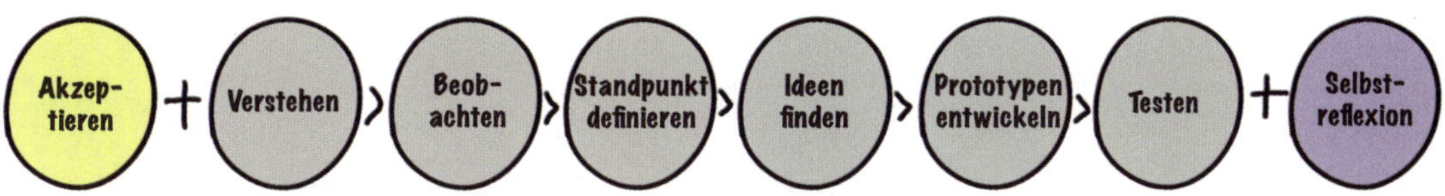

Eine erste Standortbestimmung und Selbstreflexion haben wir bereits zu Beginn dieses DYF-Buches vorgenommen.

Du hast dir die folgenden Fragen gestellt: Wo stehe ich gerade im Leben, was mag ich und was möchte ich verändern?

Die Selbstreflexion ist ein stetiger Prozess und wir können diese Phase somit am Ende und Anfang vom Design-Zyklus nutzen. So wird eine kontinuierliche Weiterentwicklung möglich.

Reflektieren, akzeptieren und verstehen

In den ersten Übungen möchten wir mehr über uns selbst erfahren. Wir finden heraus, welche Probleme lösbar sind, wer wir sind, was wir machen und welche Erfahrungen wir gesammelt haben. Die Erkenntnisse, die wir aus diesen Fragen ableiten können, sind sehr individuell, helfen jedoch dabei, unser Leben und uns selbst besser zu verstehen. Ein zentrales Werkzeug ist hierbei das Reframing, welches uns hilft, bestehende Denkmuster zu verlassen.

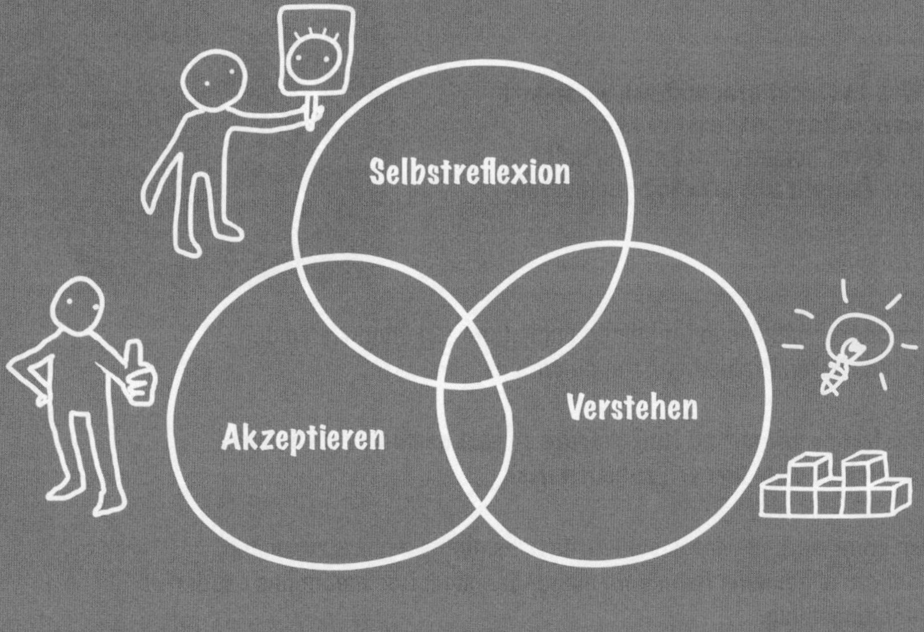

Der Unterschied zwischen Sachverhalten und lösbaren Problemen

Der Grund, warum wir die Phase «Akzeptieren» in den DYF-Prozess mit aufnehmen und damit beginnen, ist einfach zu erschließen. Es gibt Sachverhalte, die wir nicht verändern können. Deshalb müssen wir diese einfach akzeptieren oder einen anderen Blickwinkel auf sie einnehmen – d. h. ein sogenanntes Reframing vornehmen –, sodass wir diese subjektiv empfundenen Probleme anders betrachten können.

Uns regt es zum Beispiel auf, dass wir Steuern zahlen müssen; wir finden die Krankenkassenbeiträge zu hoch oder zahlen ungerne Alimente. Das nervt, aber es macht keinen Sinn, hierfür Energie aufzuwenden, da wir diese Sachverhalte nicht ändern können. Deshalb konzentrieren wir uns auf die lösbaren Probleme.

Wenn es nicht pragmatisch verändert werden kann, dann ist es kein Problem, sondern ein Sachverhalt, mit dem wir uns arrangieren müssen.

Um besser mit diesen Umständen umgehen zu können (also den nichtlösbaren Problemen), fragen wir uns:

Was hat es mit mir zu tun? Warum stresst es mich zum Beispiel, dass ich so viele Steuern zahlen muss?

Am Ende werden wir feststellen, dass es nichts mit uns zu tun hat, sondern allgemeine Rahmenbedingungen sind. Das macht uns wieder handlungsfähig.

Wenn du bislang noch nicht in Sachverhalten und lösbaren Problemen gedacht hast, fertige am besten eine kurze Liste an, um dir das, was dich persönlich aufregt, besser einordnen zu können. So können sehr schnell die lösbaren Probleme von den Sachverhalten getrennt werden.

Was regt dich auf?

Design Your Future

	Sachverhalt	lösbares Problem

Verantwortung ist, zu akzeptieren, dass WIR selbst – also jeder Einzelne von uns – die Ursache und die Lösung unserer Probleme sind.

Was heißt Reframing?

«Reframing» heißt nichts anderes als «etwas in einen neuen Rahmen stellen». Wir deuten etwas um. Es geht darum, Ereignisse, Phänomene oder auch Informationen in einem anderen Zusammenhang zu sehen als den, der uns als Erstes in den Sinn kommt. Im Design Thinking nutzen wir Reframing zum Beispiel, um Probleme in Chancen und Marktopportunitäten umzudeuten.

Den meisten von uns ist das Beispiel mit einem Glas Wasser wohlbekannt. Ist das Glas halb voll oder halb leer? Beides ist objektiv betrachtet richtig, aber in der subjektiven Empfindung lebt es sich mit einem halbvollen Glas sehr viel angenehmer. Ein halb leeres Glas hingegen prägt sich negativ in unser Unterbewusstsein ein und die negativen Gedanken verstärken sich.

Ein Optimist sieht die positive Seite und denkt positiv. Der Pessimist sieht die negative Seite und denkt negativ. Beide tragen die Folgen ihres Denkens – positiv wie negativ.

Reframing hilft uns auch, mit den zuvor beschriebenen Sachverhalten, die nicht veränderbar sind, besser umzugehen. Nehmen wir das Beispiel Steuern zahlen. Wir können uns über die hohen Steuern ärgern, oder wir sagen uns, wir haben eine sehr gute Schul- und Universitätsausbildung genossen, jetzt verdienen wir gut und wir möchten unseren Beitrag leisten, dass das System auf einem hohen Niveau bleibt.

> **«Es sind nicht die Dinge, die uns beunruhigen, sondern die Meinungen, die wir von den Dingen haben.»**
>
> **- Epiktet**

Wir wollen an dieser Stelle eine Aufgabe lösen, auch bekannt als das 10-Punkte-Problem, bevor wir reflektieren, wie ein Reframing uns mehr Lebensenergie geben kann.

Verbinde die folgenden 10 Punkte mit insgesamt 4 Geraden, ohne den Stift abzusetzen.

Design Your Future

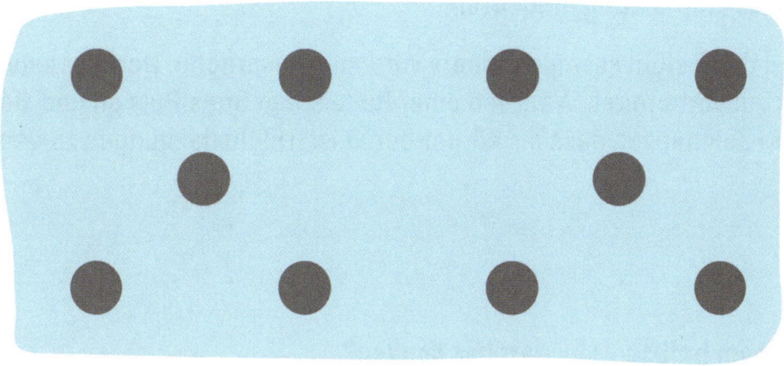

(Auflösung auf der nächsten Seite)

Lösung:

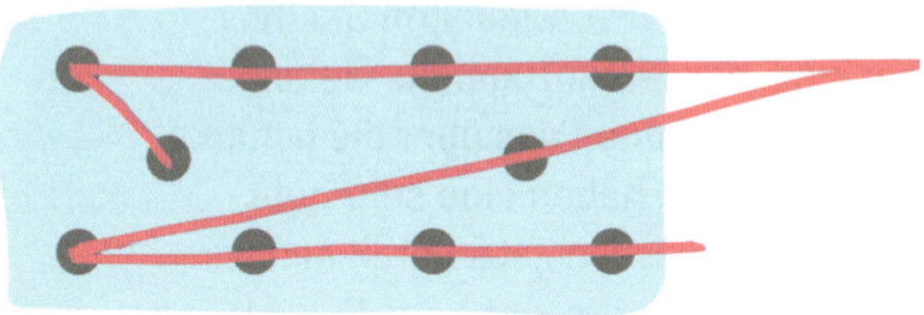

Aus dem Rahmen ausbrechen, um Probleme zu lösen!

Reframing-Übung

Gibt es bei dir eine Situation, die Nervosität auslöst, wie zum Beispiel bei Sue, die Angst hat, vor großen Menschenmengen einen Vortrag zu halten? Hast du im Zusammenhang mit einer gewünschten Veränderung oder in Bezug auf einen Sachverhalt ein ähnliches Gefühl? Überleg dir, wie du diese Empfindung für dich positiv werten kannst, also wie aus einer Bedrohung eine Chance werden kann. Nutz dazu die drei Fragen dieser Reframing-Übung.

Situation:

1. Warum hast du dieses Gefühl? Was ist seine Funktion? Wie kannst du diese Empfindung umdeuten?

Sue hat zum Beispiel das Gefühl «Lampenfieber» vor einer Ansprache. Daraus resultiert, dass sich Sue besonders gut vorbereitet. Während einer Rede steigt Sues Puls an und sie bekommt rote Flecken, was ein Zeichen ist, dass ihr Körper bereit ist, Höchstleistungen zu geben.

2. Wie wirst du in einem halben Jahr darüber denken?

Sue ist zum Beispiel sehr stolz, eine so professionelle Rede gehalten zu haben. Inzwischen wurde sie noch zweimal angefragt, zum gleichen Thema zu referieren.

3. Was kannst du aus der Situation lernen, vor der du Angst hattest?

Sue hat zum Beispiel mitgenommen, dass sie mit jedem Vortrag mehr Selbstsicherheit erlangt.

Der Weg zur Selbstwirksamkeit

Ein wichtiges Design-Paradigma für lösbare Probleme ist die Selbstwirksamkeit, also der Glaube an unsere eigenen Fähigkeiten, etwas verändern zu können, statt die Schuld oder die Umstände dem Zufall, Glück oder gar anderen Personen zuzuschreiben.

Die Übungen auf den nächsten Seiten haben das Ziel, unsere Selbstwirksamkeit zu stärken. Dies erfolgt durch Selbstwahrnehmung, Selbstdialog, Selbstreflexion und konkrete Handlung.

Selbstdialog starten

Ein weiteres Werkzeug, um mehr über uns selbst zu erfahren, ist eine innere Reise mit Hilfe eines Selbstdialogs. Um zu starten, entspannen wir uns, schließen die Augen und stellen uns eine Situation vor, die uns besonders glücklich gemacht hat. Zum Beispiel eine einzigartige Tour oder Wanderung auf einen Vulkan, wo wir nach den Mühen des Aufstiegs eine beeindruckende Aussicht hatten. Aber es können auch die kleinen Dinge sein, die uns glücklich stimmen. Der Cappuccino am Wochenende auf dem Balkon, den wir beim Blättern in der Sonntagszeitung genießen. Jeder Moment, der bei uns Glückshormone ausgeschüttet und Entspannungsgefühle ausgelöst hat, ist willkommen.

Auf dem Balkon spüren wir zum Beispiel die Sonnenstrahlen der Morgensonne, es fühlt sich angenehm und warm auf der Haut an. Erholsame Ruhe, nur die Vögel zwitschern und es riecht nach Frühling. Das Schokopulver auf dem Cappuccino gibt dem Getränk eine süße Note zum bitteren Geschmack des Kaffees.

Alle Situationen, die Emotionen auslösen, werden von unserem Gehirn besser gespeichert und können dadurch schneller wieder abgerufen werden.

Am besten starten wir gleich jetzt unseren ersten Selbstdialog, schließen die Augen, entspannen uns und stellen uns eine glückliche Situation vor. Im Anschluss notieren wir uns, was wir bei diesen Gedanken empfunden haben. Das können zum Beispiel Gefühle oder Körperempfindungen sein.

Notizen aus der positiven Erfahrung

Design Your Future

Wie hat dein Körper darauf reagiert?
Was haben diese Gedanken bei dir ausgelöst?
Wo hast du es gespürt?

Jetzt machen wir die gleiche Erfahrung mit Gedanken an eine unangenehme Situation und notieren uns anschließend ebenfalls unsere Erfahrungen. Das können zum Beispiel Gefühle oder Körperempfindungen sein.

Diese Übung mag teilweise unangenehm sein, wir empfehlen sie aber trotzdem, weil über diese Art der Selbstreflexion neben der Erkundung von positiven Emotionen das persönliche Warnsystem sensibilisiert werden kann. Situationen, die negative Emotionen auslösen, sind ein normaler Bestandteil des Lebens und werden im besten Fall von uns reflektiert, verarbeitet und schließlich angenommen.

Wir notieren uns im Anschluss, wie bei der Übung zuvor, was wir bei diesen Gedanken empfunden haben (Gefühle oder Körperempfindungen).

Design Your Future

Notizen aus der negativen Erfahrung

Was hast du empfunden?
Wie hat dein Körper darauf reagiert?
Wo hast du es gespürt?

Wie bereits erwähnt, können wir mit den zuvor durchgeführten Übungen zum einen unser persönliches Warnsystem wie auch unsere positiven Emotionen erkunden und Selbstkompetenz über unseren Verstand und das emotionale Erfahrungsgedächtnis erlangen.

Der emotionale Teil sendet seine Bewertungssignale mittels Bildern und Gefühlen, die unser Köper bewusst spürt. Diese Reaktion passiert vier- bis fünfmal schneller als unsere Fähigkeit, etwas zu sortieren, zu verstehen und zu bewerten.

Der Verstand bewertet auf der Ebene «Hey, das tut mir gut – mehr davon» respektive «Das tut mir nicht gut – abschaffen».

Warum eine gute Kenntnis über das Warnsystem wichtig ist

Das persönliche Warnsystem hilft uns zum Beispiel dabei, in schwierigen Situationen positive Assoziationen hervorzurufen und uns mit allen Sinnen gut zu fühlen. Zum anderen ist diese Übung eine gute Vorbereitung für das nächste Konzept, das hilft, mehr über uns selbst zu erfahren.

Von Sportlern kennen wir die Aussage «Ich bin im Flow gewesen». Für sie ist es elementar, mit größter Achtsamkeit und Konzentration bei einer Sache zu sein. Mihaly Csikszentmihalyi beschreibt «Flow» als einen Zustand der völligen Vertiefung. Mit anderen Worten ein Gefühl eines positiven Tätigkeitsrausches, bei dem die Zeit wie im Flug vergeht.

Die Zeit vergeht wie im Flug

Dieser Zustand des totalen Aufgehens in einer Tätigkeit, in der wir eine optimale Balance zwischen der Herausforderung und unseren Fähigkeiten finden, kann zum Beispiel beim Arbeiten, Sporttreiben, Musizieren, Meditieren und Schreiben eines Buches entstehen. Flow-Tätigkeiten geben in der Regel aufgrund des Im-Moment-Seins viel positive Energie.

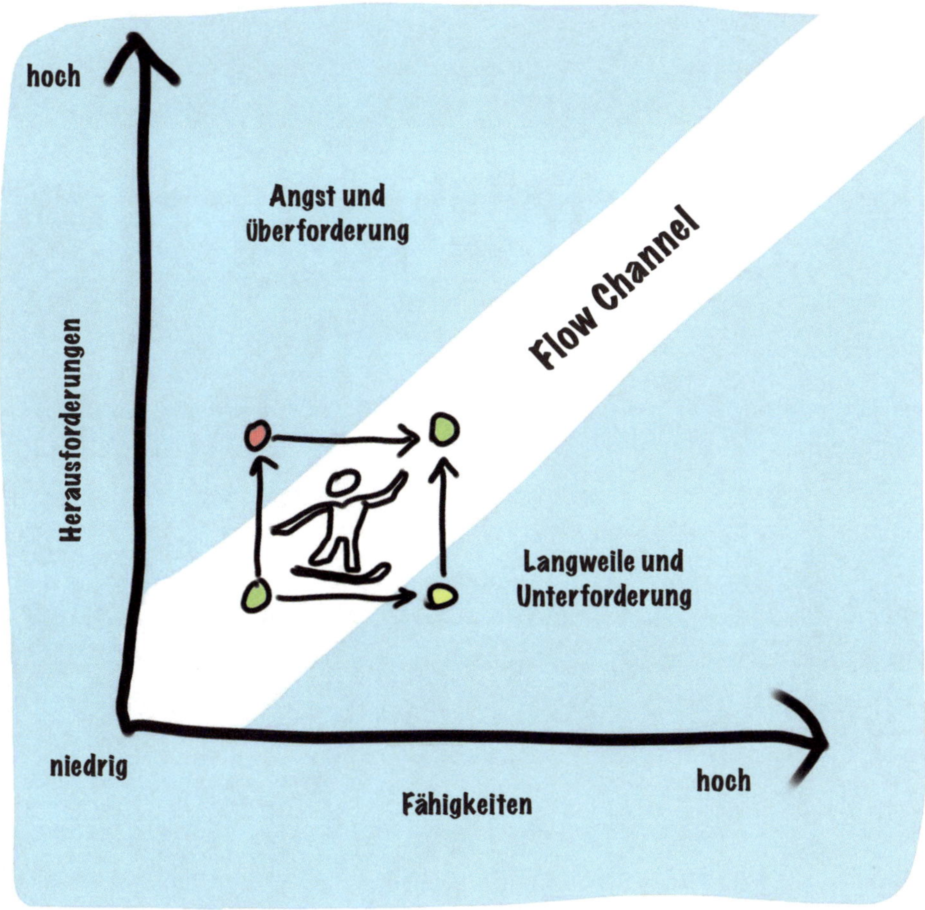

Ein gutes Werkzeug, um herauszufinden, wie unsere Balance aussieht, ist, ein Energie-Journal über einen Zeitraum von ein bis zwei Wochen zu führen. Wir haben gute Erfahrungen mit einem Journal über zwei Wochen gemacht, weil es uns die Möglichkeit gibt, nach der ersten Woche die Ereignisse und Aktivitäten zu reflektieren. So können wir in der zweiten Woche bereits kleine Veränderungen vornehmen, damit experimentieren und sehen, ob eine eingeleitete Veränderung bereits etwas bewirkt.

Energie-Journal führen

Am liebsten würden wir in wenigen Stunden unser Leben neu gestalten, aber manchmal macht es Sinn, sich mehr Zeit zu nehmen und den Ursachen unseres Veränderungswunsches auf den Grund zu gehen. Deshalb empfehlen wir, für die nächsten ein bis zwei Wochen ein Energie-Journal zu führen. In diesem werden wir unsere täglichen Aktivitäten beschreiben, die Reaktionen auf unseren Körper wahrnehmen und daraus abgeleitet erste Veränderungen anstoßen.

Das Energie-Journal

Die Aufzeichnungen in einem Energie-Journal helfen, sich selbst zu beobachten und festzuhalten, was besonders viel Freude bereitet und welche Situationen oder Aktivitäten die Kraft rauben respektive verleihen.

Das «DESIGN YOUR FUTURE» Playbook gibt dir auf den folgenden Seiten die Möglichkeit, deine Zustände über die nächsten Wochen zu dokumentieren. Es empfiehlt sich, dein Energielevel zu visualisieren (z. B. 0 % bis 100 %), die Aktivität/Situation zu notieren (z. B. Team-Meeting in der Arbeit), Gefühlssignale zu dokumentieren (z. B. Druck im Brustbereich) oder allenfalls gespürte Emotionen (z. B. Angst/Frustration) und allfällige Reaktionen deines Körpers (z. B. Bauchschmerzen) zu beschreiben.

Wichtig ist die ständige Reflexion, also die Frage: «Wie kann ich mein Energielevel um zwei bis drei Prozent steigern?» Oftmals sind es die kleinen Dinge, die hier helfen. Zum Beispiel ein Spaziergang über Mittag an der frischen Luft oder das Lieblingslied, bei dem wir am liebsten mitsingen. Wichtig ist zu wissen, dass auch Entspannen und Ausruhen viel Energie geben kann, im Sinne von Energie auftanken.

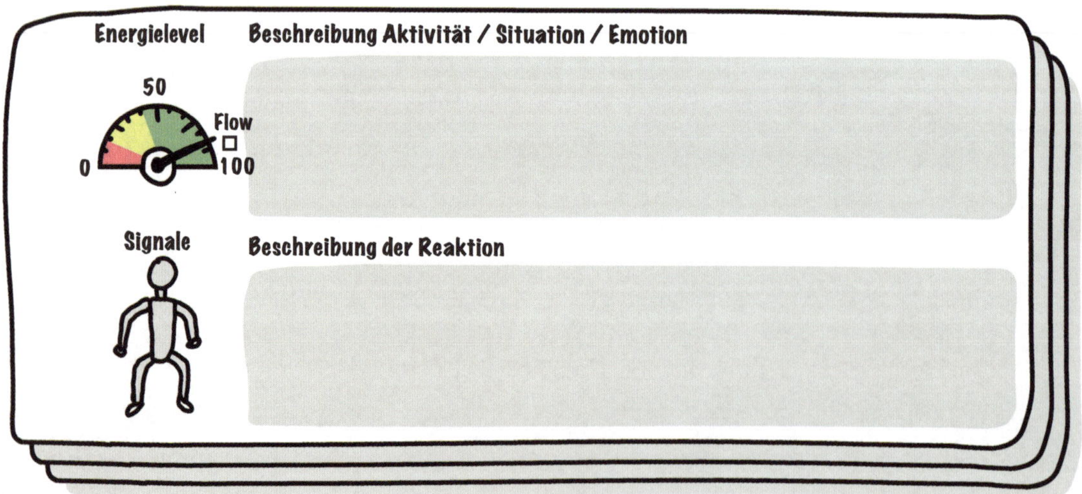

Um die Arbeit mit dem Energie-Journal besser zu verstehen, möchten wir auf unseren zweiten fiktiven Charakter «Helmut» näher eingehen.

Wer ist Helmut?

Helmut, 55 Jahre

- **Frührentner**
- **Verheiratet**
- **Kinder ausgezogen**

Gains:

- **Viel Freizeit für die Hobbys**

Pains:

- **Ungewohnt viel Zeit mit seiner Frau**
- **Hohe Erwartungshaltung der Schwiegereltern**

Job-to-be-done:

- **Das Beste aus dem neuen Lebensabschnitt machen und die Rente genießen.**

Helmut steht vor einem neuen Lebensabschnitt. Die letzten zwanzig Jahre hat er im Außendienst gearbeitet und für ein mittelständisches Unternehmen medizinische Laborgeräte in Deutschland, Österreich und der Schweiz vertrieben. Durch die Reisetätigkeit war Helmut wenig zuhause. Häufig kam er erst spät am Freitag von seinen Kundenbesuchen zurück und meistens startete er seine Arbeitswoche am Sonntag, um beim Kunden am Montag in der Früh den ersten Termin wahrzunehmen. Hobbys, Familie und seine Frau und Kinder kamen hierbei oft zu kurz. Mehrmals hat sich Helmut in den letzten zwanzig Jahren gewünscht, mehr und länger zuhause zu sein. Zudem hatte er immer den Traum, öfter mit seinem Motorrad zu fahren, das häufig monatelang in der Garage stand.

Als sein Arbeitgeber ihm das Angebot machte, mit 55 Jahren in Frührente zu gehen, hat Helmut nicht lange gezögert und das Angebot angenommen.

Aber jetzt, wo er in Frührente ist, kommen neue Herausforderungen auf ihn zu. Die «neue» Freiheit überfordert ihn gelegentlich, die ständige Nähe zu seiner Frau ist ungewohnt, und mit vielen Aktivitäten unter der Woche ist er unzufrieden. Besonders gibt es jetzt Aktivitäten, vor denen er sich früher immer gedrückt hat. Als Ausrede hatte er immer seinen Beruf und die vielen Reisen im Außendienst angeben können.

Jetzt ist es schwierig, zum Beispiel dem Besuch bei den Schwiegereltern etwas entgegenzusetzen, weil Helmut weder Termine noch Verpflichtungen hat. Früher schickte Helmut seine Frau und die Kinder zu den Schwiegereltern, während er auf Dienstreise war. Die jetzige Situation nervt ihn. Zudem gibt es, seit Helmut zuhause ist, auch Spannungen mit seiner Frau. Sie streiten sich oft, und Helmut empfindet die Beziehung schon seit längerem als lieblos und langweilig. Manchmal schweigen sie stundenlang, da niemand etwas Neues zu berichten hat.

Helmut möchte unbedingt mit «DESIGN YOUR FUTURE» die Beziehung zu seiner Frau in neue Bahnen lenken und seine jetzige Lebensphase mit positiven Aspekten anreichern. Helmut hat in den letzten zwei Tagen bereits Einträge in sein Energie-Journal gemacht.

Einträge im Energie-Journal von Helmut

Tag: Sonntag

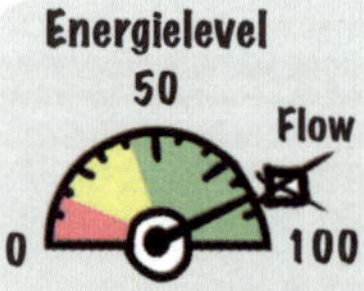

Beschreibung Aktivität / Situation / Emotion

- **Motorradausflug mit dem lokalen Harley Davidson Club**
- **Ausfahrt über den Sustenpass, Halt im Resti Sustenbrüggli und Abstecher ins Motorrad Museum in Gossau auf dem Heimweg**

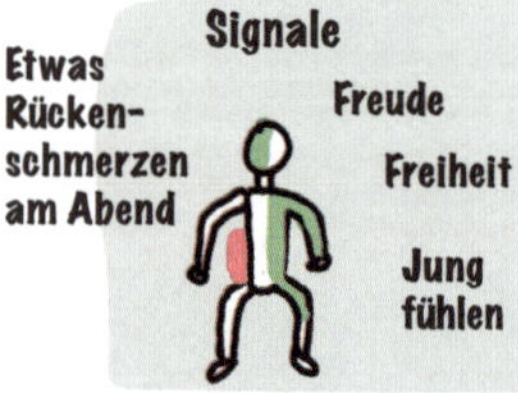

Beschreibung der Reaktion

- **Ich fühlte mich wie ein freier Vogel, als wir über die vielen Serpentinen bis auf über 2200 Meter gefahren sind.**
- **Bei unserer Kaffeepause wurden unsere Motorräder von vielen Passanten bewundert. Meine frisch geputzte Harley glänzte in der Nachmittagssonne.**
- **Zuhause kam ich zufrieden an, obwohl mein Hintern wehtat und ich leichte Schmerzen im Kreuz hatte.**

Tag: Montag

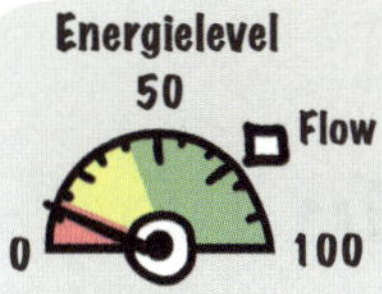

Beschreibung Aktivität / Situation / Emotion

- Besuch bei den Schwiegereltern.
- Vorwürfe von der Familie, warum ich bereits so früh in Rente gehe, wo doch die Kinder noch in der Ausbildung sind und das Haus mit einer Hypothek belastet ist.
- Und jetzt sei mir nur noch Motorradfahren wichtig.

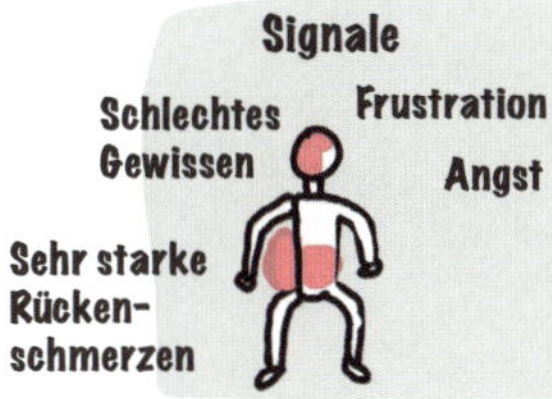

Beschreibung der Reaktion

- Ich fühlte mich wie ein Verbrecher. Ich hatte ein schlechtes Gewissen, dass ich gestern den Sonntag mit dem Harley Club verbracht hatte.
- Am Ende fühlte ich mich schlecht. Während des Streits spürte ich, wie ich mich verkrampfte. Danach hatte ich noch mehr Rückenschmerzen.

Helmut wird über die nächsten zwei Wochen sein Journal weiterführen. Für die nächsten Tage hat er sich mit ehemaligen Arbeitskollegen verabredet und zudem möchte er sich diese Woche bei einem lokalen Chor vorstellen, dem er gerne beitreten würde. Auch hat er gemerkt, dass entspannende Momente wie allmorgendliche Rituale, mit Kaffee und Musik aus den achtziger Jahren, ihm auch Energie geben.

Aktivitäten und Situationen reflektieren

Visualisierung in einem Aktivitäten-Energie-Diagramm

Ein sehr gutes und einfaches Werkzeug zur Analyse unserer Aufzeichnungen aus dem Energie-Journal ist die Visualisierung der Ergebnisse in einem Aktivitäten-Energie-Diagramm. Wir möchten dieses bereits an dieser Stelle vorstellen, bevor du deine Aufzeichnungen startest. So wird besser ersichtlich und transparent, was wir damit bezwecken möchten. Das Vorgehen ist wie folgt: Nach einer Woche kannst du deine Aktivitäten auf einer Zeitleiste in eine Reihenfolge bringen bzw. diese bewerten. Dies erfolgt auf der Basis des Energielevels, welches du im Journal geführt hast.

Das Beispiel von Helmut zeigt, dass sein Besuch bei den Schwiegereltern sehr viel Energie gekostet hat (roter Balken) und dass er beim Motorradfahren vermutlich einen Flow-Zustand erlebt hat (grüner Balken), als er den Sustenpass mit seiner Harley bezwungen hat.

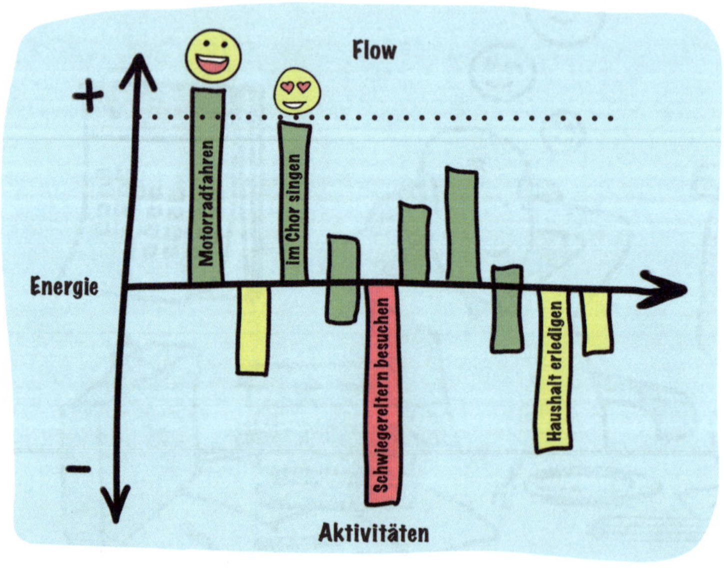

Etwa 25 % der Energie, die unser Körper verbraucht, benötigt unser Gehirn. Deshalb ist es umso wichtiger, diese Energie für positive Aktivitäten zu nutzen oder die Aktivitäten so anzupassen, dass wir sie als positiv empfinden. Zudem können wir Tätigkeiten, die uns keine Freude bereiten, an Dritte delegieren, wie zum Beispiel die jährliche Steuererklärung oder Arbeiten im Haushalt.

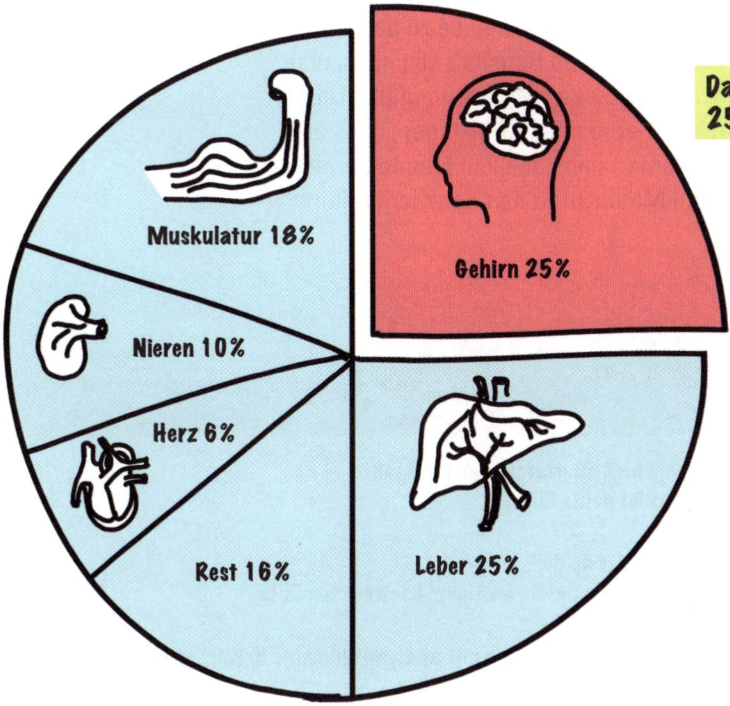

Das Gehirn benötigt 25% unserer Energie.

Bevor wir mit dem Energie-Journal starten, möchten wir noch kurz ein anderes Werkzeug vorstellen. Das AEIOU-Raster, welches im Design Thinking für die Beobachtung genutzt wird, eignet sich hervorragend für die Identifizierung von Elementen und Situationen, die wir verändern können. Somit ist es ein nützliches Werkzeug für die Reflexion, nachdem du zum Beispiel das Energie-Journal für eine Woche geführt hast.

Das AEIOU-Werkzeug

AEIOU steht für **A**ctivities, **E**nvironment, **I**nteraction, **O**bjects und **U**sers. Das heißt, wir können zum Beispiel den Ort ändern oder uns dort kürzer als üblich aufhalten, falls wir uns nicht wohlfühlen. Im Fall von Helmut könnte er die Schwiegereltern bei einem gemeinsamen Ausflug treffen statt sie zuhause zu besuchen. Oder Helmut könnte für die Arbeit im Haushalt ab und zu eine Putzfrau organisieren, sodass diese Aufgabe wegfällt. Aber er könnte auch Aktivitäten, die er nicht mag, so legen, dass er davor und danach Dinge unternimmt, die ihm Freude bereiten, wie zum Beispiel mit dem Motorrad zu den Schwiegereltern fahren (= Belohnung).

AEIOU-Fragen	
Activities	■ Welche Aktivitäten machen Spaß? ■ Was ist deine Rolle?
Environment	■ Wo fühlst du dich wohl? ■ Wie ist das Gefühl an einem bestimmten Ort?
Interaction	■ Welche Interaktionen mit anderen sind eine Bereicherung? ■ Mit wem hattest du zu tun?
Objects	■ Woran hattest du Freude? ■ Was hat die Erfahrung ausgemacht?
Users	■ Mit wem unternimmst du gerne etwas? ■ Welche Personen bringen dich weiter?

Let's get started!

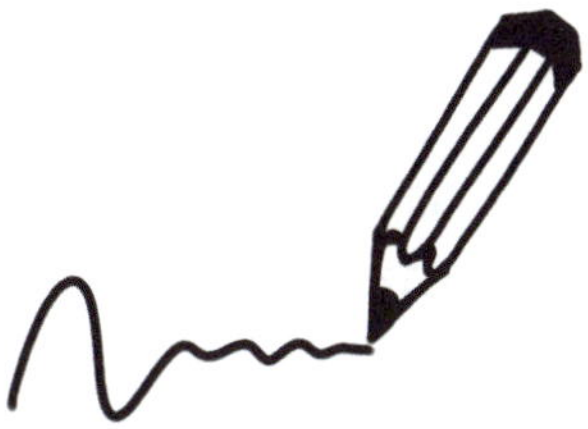

Wenn du nicht weißt, was es ist, dann finde es mit dem Energie-Journal heraus und mach es zu einem Teil deines Lebens.

Was passiert die nächsten zwei Wochen?

Die folgenden Seiten geben dir ausreichend Platz, dein Energielevel über die nächsten zwei Wochen zu dokumentieren und zu analysieren. Wir empfehlen nach einer Woche die Aktivitäten zu reflektieren, ein erstes Flow-Diagramm zu erstellen, das AEIOU als Hilfestellung zu nutzen und bereits mit positiven Veränderungen in die zweite Woche zu starten. Nach den zwei Wochen kannst du nochmals die vorhergehende Woche analysieren, reflektieren und die Aktivitäten wiederum anpassen – falls nötig.

Generell gibt es zwei Arten von Zuständen, die einen positiven Einfluss auf unser Wohlbefinden haben. Zum einen Freude, Ekstase und die bereits beschriebenen Flow-Aktivitäten. Zum anderen aber auch Zustände wie Entspannung, ausreichend Schlaf, Dankbarkeit und Gelassenheit, die uns helfen, unseren Energietank wieder aufzufüllen.

Jeder Tag braucht Aktivitäten, die uns Freude bereiten und unser Herz zum Singen bringen.

Persönliches Energie-Journal - Teil 1

Dein persönliches Energie-Journal - Erste Woche

Am besten nimmst du dir jeden Tag etwas Zeit, um zu reflektieren, welche Aktivitäten und Situationen du erlebt hast. Visualisiere dazu dein Energielevel auf dem Dashboard, zeichne deine Körpersignale ein und beschreib die Reaktion. Nutz pro Tag eines, zwei oder mehrere von den bereitgestellten Templates.

Datum: _ _ . _ _ . _ _ _ _

Energielevel

Beschreibung Aktivität / Situation / Emotion

Signale

Beschreibung der Reaktion

Datum: _ _ . _ _ . _ _ _ _

Energielevel

Beschreibung Aktivität / Situation / Emotion

Signale

Beschreibung der Reaktion

Datum: __.__.____

Energielevel

Beschreibung Aktivität / Situation / Emotion

Signale

Beschreibung der Reaktion

Datum: __.__.____

Energielevel

Beschreibung Aktivität / Situation / Emotion

Signale

Beschreibung der Reaktion

Datum: __.__.____

Energielevel

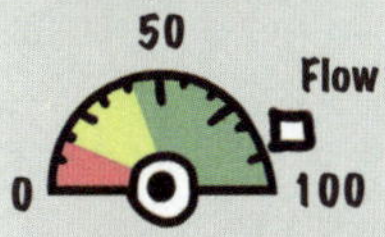

Beschreibung Aktivität / Situation / Emotion

Signale

Beschreibung der Reaktion

Datum: __.__.____

Energielevel

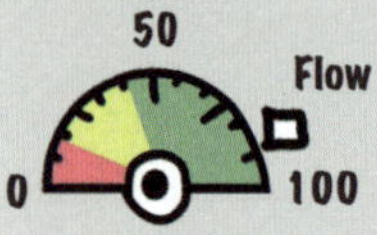

Beschreibung Aktivität / Situation / Emotion

Signale

Beschreibung der Reaktion

Datum: __.__.____

Energielevel

Beschreibung Aktivität / Situation / Emotion

Signale

Beschreibung der Reaktion

Datum: __.__.____

Energielevel

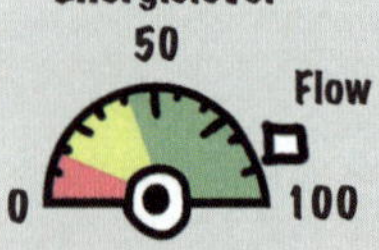

Beschreibung Aktivität / Situation / Emotion

Signale

Beschreibung der Reaktion

Datum: __.__.____

Energielevel

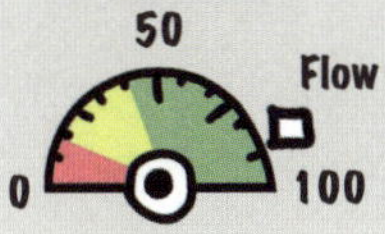

Beschreibung Aktivität / Situation / Emotion

Signale

Beschreibung der Reaktion

Datum: __.__.____

Energielevel

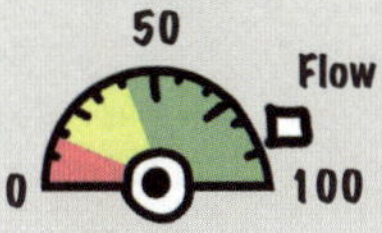

Beschreibung Aktivität / Situation / Emotion

Signale

Beschreibung der Reaktion

Datum: __.__.____

Energielevel

Beschreibung Aktivität / Situation / Emotion

Signale

Beschreibung der Reaktion

Datum: __.__.____

Energielevel

Beschreibung Aktivität / Situation / Emotion

Signale

Beschreibung der Reaktion

Datum: __.__.____

Energielevel

Beschreibung Aktivität / Situation / Emotion

Signale

Beschreibung der Reaktion

Datum: __.__.____

Energielevel

Beschreibung Aktivität / Situation / Emotion

Signale

Beschreibung der Reaktion

Datum: __.__.____

Energielevel

50

Flow

0

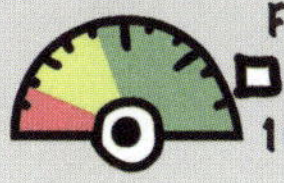

100

Beschreibung Aktivität / Situation / Emotion

Signale

Beschreibung der Reaktion

Datum: __.__.____

Energielevel

50

Flow

0

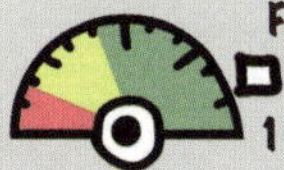

100

Beschreibung Aktivität / Situation / Emotion

Signale

Beschreibung der Reaktion

Datum: __.__.____

Energielevel

50

Flow

0

100

Beschreibung Aktivität / Situation / Emotion

Signale

Beschreibung der Reaktion

Erste Reflexion mit AEIOU

Design Your Future

Nutz die AEIOU-Fragen für deine erste Bestandsaufnahme.

AEIOU-Fragen	
Activities	■ Welche Aktivitäten machen Spaß? ■ Was ist deine Rolle?
Environment	■ Wo fühlst du dich wohl? ■ Wie ist das Gefühl an einem bestimmten Ort?
Interaction	■ Welche Interaktionen mit anderen sind eine Bereicherung? ■ Mit wem hattest du zu tun?
Objects	■ Woran hattest du Freude? ■ Was hat die Erfahrung ausgemacht?
Users	■ Mit wem unternimmst du gerne etwas? ■ Welche Personen bringen dich weiter?

Zwischenstand – Wo stehst du nach einer Woche?

Je nach Detaillierungsgrad der Aufzeichnungen über die letzten sieben Tage kannst du dein Energielevel für einzelne Tage, eine Periode (z. B. das Wochenende) oder die ganze Woche auswerten. Wir haben die Diagramme in verschiedenen Größen eingefügt, sodass genügend Platz für die Visualisierung bleibt. Bei Aktivitäten mit einem Energielevel von über 95 % ist die Wahrscheinlichkeit hoch, dass es sich um eine Flow-Aktivität handelt, also eine Aktivität, bei der wir die Zeit vergessen und vollkommen darin aufgehen. Aber aufgepasst, auch kurze Momente der Freude und der Entspannung können viel Positives auslösen und Energie freisetzen.

Visualisierung der wichtigsten Aktivitäten – Wann warst du im Flow?

Zeitraum: ____________________

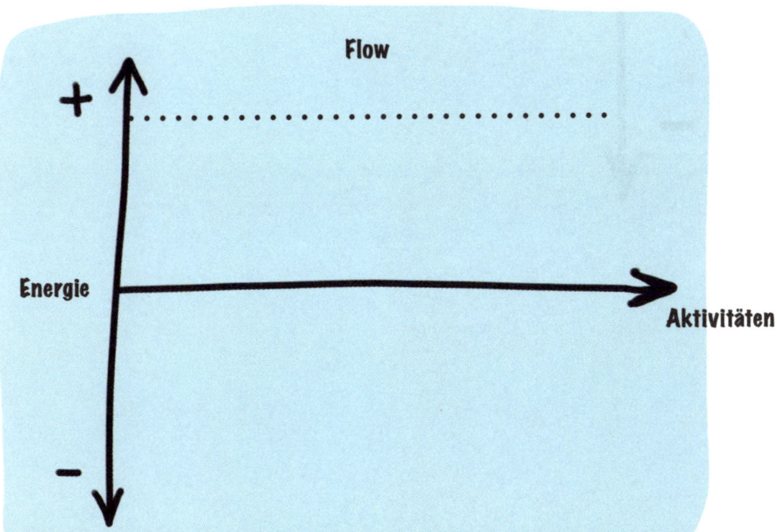

Zwischenstand nach 7 Tagen

Zeitraum: ____________________

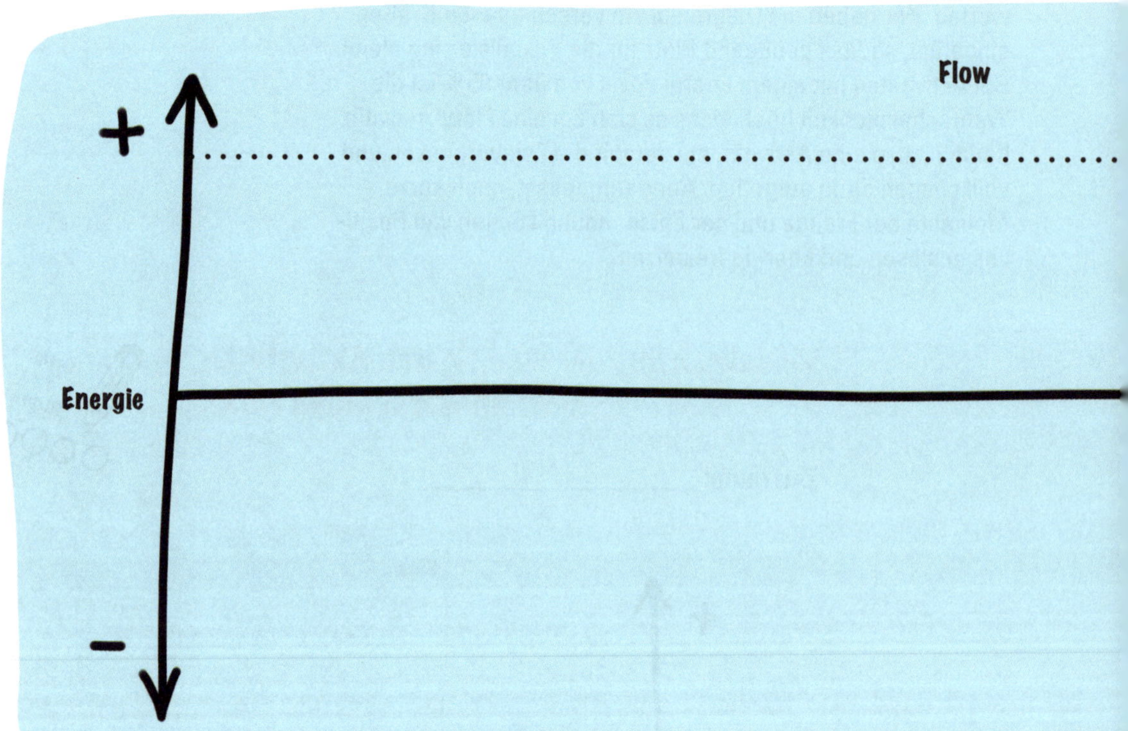

Aktivitäten

Worauf fokussieren wir uns in der zweiten Woche?

Für die zweite Woche ist es wünschenswert, dass du bereits kleine Aktivitäten, die bislang viel Energie geben, ausbaust und jene, die viel Energie gefressen haben, umstellst, um damit eine erste Veränderung anzustoßen. Viele Dinge kannst du nicht von heute auf morgen ändern, aber du kannst sie an einem anderen Zeitpunkt oder Ort stattfinden lassen (z. B. die Schwiegereltern nicht zuhause treffen) oder dich entsprechend mit Flow-Aktivitäten belohnen (z. B. davor und danach Motorrad fahren).

Design Your Future

Welche Dinge kannst du sofort ändern?

Notiere, was du aufgrund der Erkenntnisse aus dem Energie-Journal verändern möchtest.

Persönliches Energie-Journal - Teil 2

Dein persönliches Energie-Journal - Zweite Woche

Auch für Teil zwei deines Energie-Journals nimmst du dir wieder jeden Tag etwas Zeit, um zu reflektieren, welche Aktivitäten und Situationen du erlebt hast, einschließlich Energielevel und Signale. Du bekommst auf diese Weise zudem erste Erkenntnisse über dein verändertes Wohlbefinden, falls du zum Beispiel etwas in deinem Tagesablauf umgestellt hast.

Datum: __.__.____

Energielevel

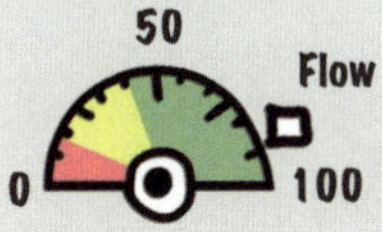

Beschreibung Aktivität / Situation / Emotion

Signale

Beschreibung der Reaktion

Datum: __.__.____

Energielevel

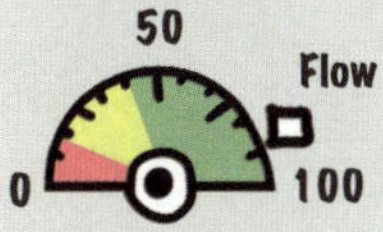

Beschreibung Aktivität / Situation / Emotion

Signale

Beschreibung der Reaktion

Datum: __.__.____

Energielevel

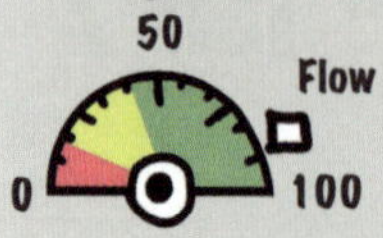

Beschreibung Aktivität / Situation / Emotion

Signale

Beschreibung der Reaktion

Datum: __.__.____

Energielevel

Beschreibung Aktivität / Situation / Emotion

Signale

Beschreibung der Reaktion

Datum: __.__.____

Energielevel

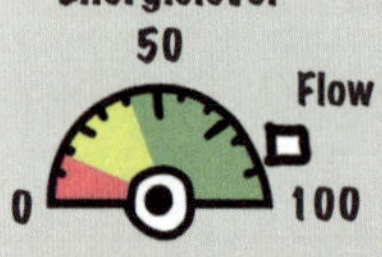

Beschreibung Aktivität / Situation / Emotion

Signale

Beschreibung der Reaktion

Datum: __.__.____

Energielevel

Beschreibung Aktivität / Situation / Emotion

Signale

Beschreibung der Reaktion

Datum: __.__.____

Energielevel

Beschreibung Aktivität / Situation / Emotion

Signale

Beschreibung der Reaktion

Datum: __.__.____

Energielevel

Beschreibung Aktivität / Situation / Emotion

Signale

Beschreibung der Reaktion

Datum: __.__.____

Energielevel

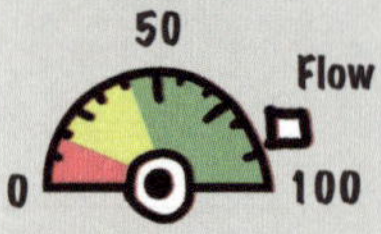

Beschreibung Aktivität / Situation / Emotion

Signale

Beschreibung der Reaktion

Datum: __.__.____

Energielevel

Beschreibung Aktivität / Situation / Emotion

Signale

Beschreibung der Reaktion

Datum: __.__.____

Energielevel

Beschreibung Aktivität / Situation / Emotion

Signale

Beschreibung der Reaktion

Datum: __.__.____

Energielevel

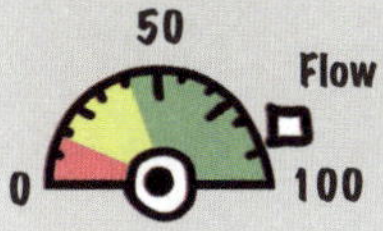

Beschreibung Aktivität / Situation / Emotion

Signale

Beschreibung der Reaktion

Datum: __.__.____

Energielevel

Beschreibung Aktivität / Situation / Emotion

Signale

Beschreibung der Reaktion

Datum: __.__.____

Energielevel

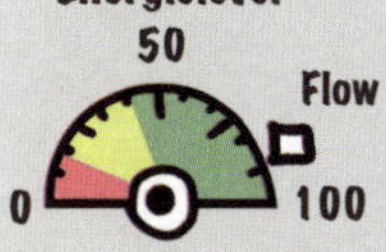

Beschreibung Aktivität / Situation / Emotion

Signale

Beschreibung der Reaktion

Zweite Reflexion mit AEIOU

Nutz die AEIOU-Fragen für eine weitere Bestandsaufnahme.

AEIOU-Fragen	
Activities	■ Welche Aktivitäten machen Spaß? ■ Was ist deine Rolle?
Environment	■ Wo fühlst du dich wohl? ■ Wie ist das Gefühl an einem bestimmten Ort?
Interaction	■ Welche Interaktionen mit anderen sind eine Bereicherung? ■ Mit wem hattest du zu tun?
Objects	■ Woran hattest du Freude? ■ Was hat die Erfahrung ausgemacht?
Users	■ Mit wem unternimmst du gerne etwas? ■ Welche Personen bringen dich weiter?

Resultat – Wo stehst du nach zwei Wochen?

Je nach Detaillierungsgrad der Aufzeichnungen über die letzte Woche können wir unser Energielevel für einzelne Tage, eine Periode (z. B. das Wochenende) oder die ganze Woche durchführen. Wir haben die Diagramme wieder in verschiedenen Größen eingefügt, sodass genügend Platz für die Visualisierung bleibt. Und nochmals zur Erinnerung, bei Aktivitäten mit einem Energielevel von über 95 % ist die Wahrscheinlichkeit hoch, dass es sich um eine Flow-Aktivität handelt, also eine Aktivität, bei der wir die Zeit vergessen und vollkommen darin aufgehen.

Visualisierung der wichtigsten Aktivitäten – Hast du neue Erfahrungen gesammelt?

Design Your Future

Zeitraum: ____________________

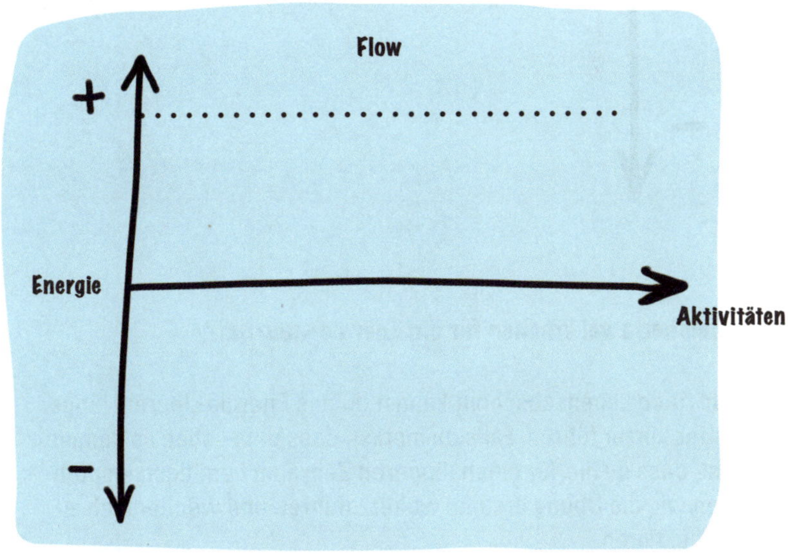

Stand nach zwei Wochen

Zeitraum: ____________________

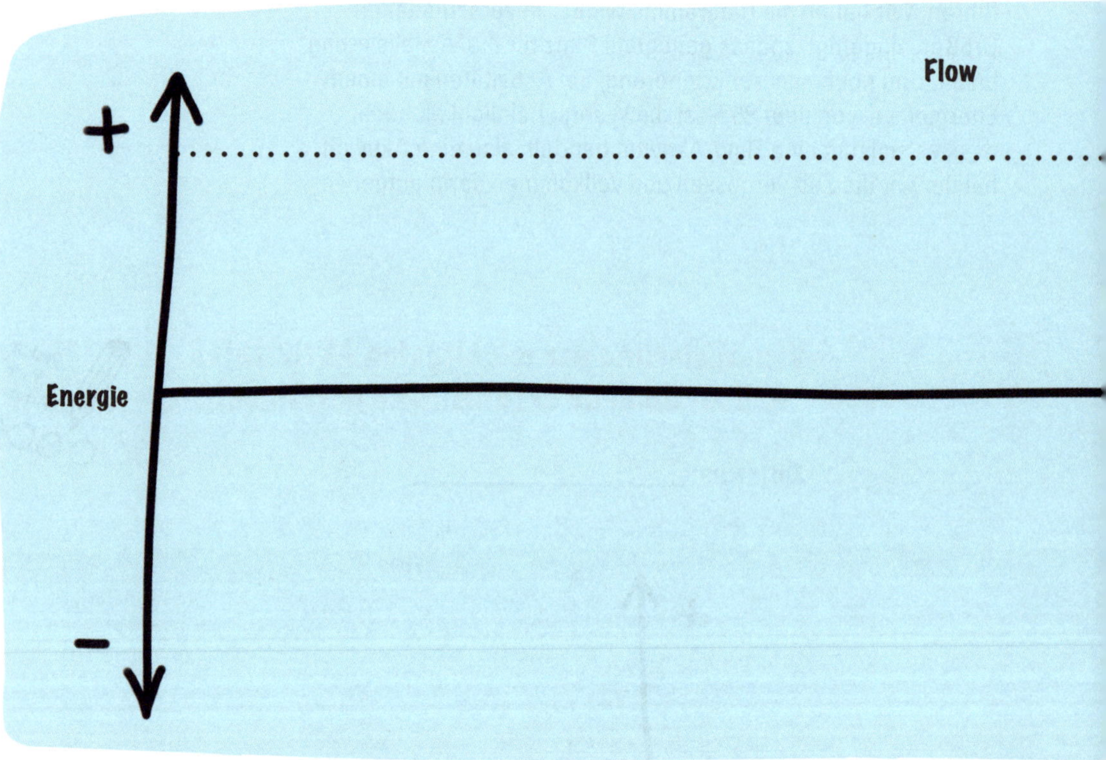

Reichen zwei Wochen für ein Energie-Journal?

Je nach Lebensabschnitt kannst du das Energie-Journal länger oder kürzer führen. Falls du merkst, dass dein Leben so komplex ist, dass du hierfür einen längeren Zeitraum benötigst, empfehlen wir, die Übung erstmal weiterzuführen und wöchentlich zu reflektieren.

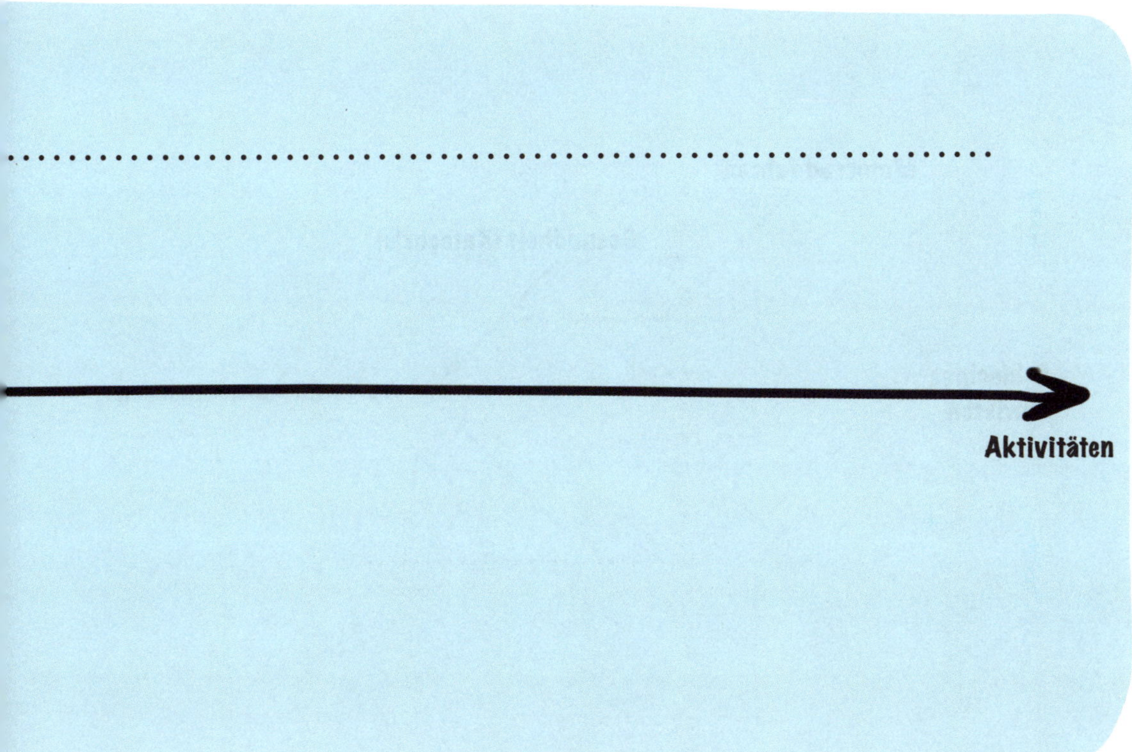
Aktivitäten

Ursachen-Wirkungs-Diagramm auf Basis des Energie-Journals

Wer einzelnen Erkenntnissen aus dem Energie-Journal noch vertieft auf den Grund gehen möchte, dem empfehlen wir, mit einem Ishikawa-Diagramm zu arbeiten, auch als Ursachen-Wirkungs-Diagramm bekannt. Die jeweilige Wirkung, die du untersuchst, kann beides sein, positiv und negativ. Helmut würde zum Beispiel in Bezug auf Familie und Hobbys erkunden, was bei ihm Schlaflosigkeit und Rückenschmerzen verursacht, aber auch, welche Tätigkeiten einen Flow-Zustand bewirken.

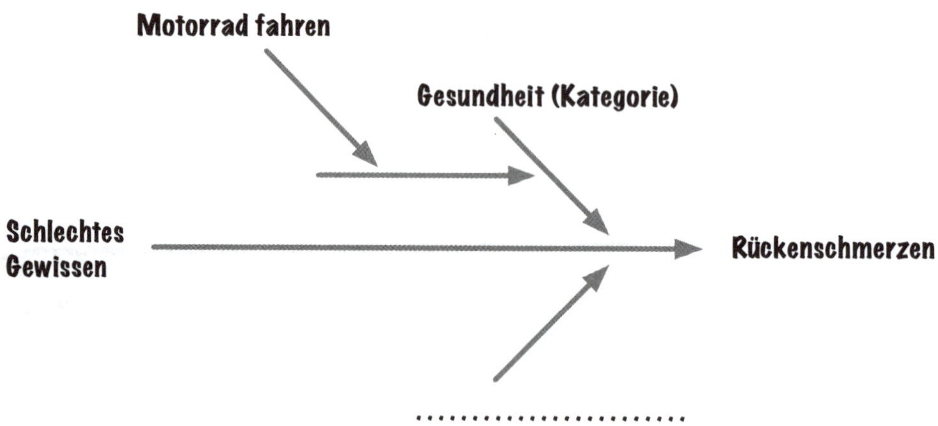

Beobachtungen und Fremdwahrnehmung integrieren

Nachdem wir durch Selbstreflexion und das Energie-Journal mehr über uns selbst erfahren haben, geht es jetzt darum, wie wir auf andere wirken. Die Personen, mit denen wir Kontakt haben, haben ein bestimmtes Bild von uns. Sie nehmen unsere Handlungen und Aussagen wahr und gewinnen so eine Vorstellung von uns. Diese Fremdwahrnehmung ist ein wichtiger Bestandteil der Selbstreflexion, weil sie uns Hinweise zu unseren tatsächlichen Möglichkeiten, Stärken und Entwicklungsfeldern gibt. Zudem bekommen wir auf diese Weise wichtige Anregungen bezüglich Dynamiken und Ansatzpunkten zur Veränderung.

Wo stehen wir im DYF-Prozess nach den ersten Wochen?

Bislang hast du dich hauptsächlich mit dir selbst beschäftigt. Wir haben gelernt, dass es wichtig ist, Sachverhalte zu akzeptieren, mehr über uns selbst zu erfahren und zu beobachten, wie es sich anfühlt, wenn wir zum Beispiel Abläufe in unserem Alltag verändern.

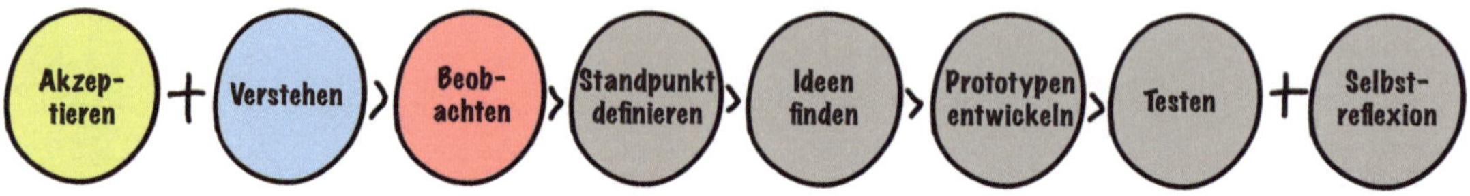

Da wir aber in einem sozialen System leben, sollten wir das Umfeld nicht außen vor lassen, und deshalb ist es wichtig, dieses miteinzubeziehen, um noch besser zu verstehen, wie wir wirken.

Interaktion und Kommunikation sind menschliche Grundbedürfnisse, die es uns erlauben, das System zu durchleuchten und uns schließlich besser zu verstehen. Mit den AEIOU-Fragen haben wir bereits ansatzweise das Umfeld mit einbezogen.

Du hattest dich gefragt, welche Interaktionen eine echte Bereicherung sind, mit wem du gerne etwas unternimmst und welche Personen dich weiterbringen.

Diese Erkenntnisse sind für die Ergänzung von unserem Eigenbild durch das Fremdbild von anderen wichtig.

Wirken wir authentisch in unserem Handeln?

Bevor wir auf das Eigen- und Fremdbild eingehen, möchten wir noch kurz innehalten und uns fragen, inwieweit unser Verhalten authentisch wirkt oder nur dazu dient, eine bessere Reputation in unserem sozialen Umfeld zu erlangen. Insbesondere in den sozialen Medien, wie zum Beispiel Twitter, Instagram und Facebook, misst sich die Generation X, Y und Z zunehmend mit der Anzahl an Likes, Followern und anderen Rankings. Diese sind zweckdienlich zur Selbst- oder Produktvermarktung, stellen aber keine wertvolle Interaktion mit anderen Menschen dar. Wir machen uns oft zu Schauspielern in einer falschen Inszenierung. Die Gefahr besteht dann, dass wir aufgrund von Vergleichen etwas nacheifern, von dem wir meinen, so sein zu müssen, uns aber eigentlich in dieser Rolle gar nicht wohlfühlen. Am ehesten wird uns dies bewusst, wenn wir andere Menschen oder Gruppen beobachten: Selfies bei Partys, in den Ferien, am Pool und beim Abendessen. Es überrascht nicht, dass die Bilder auf Facebook immer die coolste Party der Stadt, mit den attraktivsten Freunden, an den schönsten Orten zeigen.

Leider sind diese Momente oftmals gestellt und die eigentliche Interaktion ist oberflächlich. Wir müssen uns eingestehen, dass die echte Interaktion mit Freunden, das gemeinsame Abendessen oder relaxte Stunden am Pool mit dem Lebenspartner oder der Partnerin von größerer Bedeutung sind. Also: Achtsamkeit auf die aktuelle Interaktion, weg von einer zwanghaften Pflege der Reputation in den sozialen Medien, die zu einem Stressfaktor werden kann. Zudem sagt die Anzahl der Likes in den sozialen Medien weder etwas darüber aus, wer wir sind, noch wie wir uns fühlen.

Um noch etwas tiefer zu graben und mehr über uns zu erfahren, werden wir auf den nächsten Seiten unser Selbstbild und die Wahrnehmung von außen in der «DESIGN YOUR FUTURE»-Reflexion mit aufnehmen. Und bei der Fremdwahrnehmung geht es – wie gerade erläutert – um die Wahrnehmung des reell Gelebten und nicht um das (vor-)gespielte Leben.

Irgendwann ändern sich nicht die Dinge, sondern die Bedeutung, die wir ihnen geben.

Eigenbild versus Fremdwahrnehmung

Wir haben ein Bild von uns selbst, es ist unsere subjektive Wahrnehmung. Im realen sozialen Zusammenleben ist es wertvoll, dass wir auch die Möglichkeit haben, andere zu fragen, wie wir auf sie wirken und was wir bei ihnen auslösen (Empathie). Auf diese Art bekommen wir eine Rückmeldung bezüglich uns selbst.

Eine Möglichkeit besteht darin, unser Eigenbild zu beschreiben und uns zu fragen, wie das eigene Verhalten bei den anderen ankommt und was es emotional auslöst. Im Nachgang können wir unser Umfeld bewusst befragen, wie es über uns denkt.

Unsere Freunde, Arbeitskollegen und Familienmitglieder können uns sagen, wie wir in einer bestimmten Situation gewirkt haben, welche Seiten wie ankommen und welche Aktionen bestimmte Gefühle ausgelöst haben.

«Der Kluge lernt aus allem und von jedem, der Normale von seinen Erfahrungen und der Dumme weiß alles besser.»

- Sokrates

Diese Technik nutzen wir am besten für eine spezifische Situation, die wir verbessern möchten. Im Fall von Sue könnte es die Suche nach einem Lebenspartner, die berufliche Veränderung oder die Rückkehr von Hongkong nach Europa sein. Sue ist in zwei Schritten vorgegangen, sie hat sich zuerst als Person ganzheitlich in der Eigen- und Fremdwahrnehmung analysiert und ist später auf die Beziehungsfrage eingegangen (siehe Beispiel von Sue auf der nächsten Seite).

Eigenbild versus Fremdwahrnehmung von Sue

Nachstehend sind Sues Eigenbild und die Wahrnehmung aus ihrem Freundeskreis gegenübergestellt. Markiert hat Sue die wichtigsten Unterschiede bzw. Erkenntnisse.

Eigenbild

- Offen
- Positive Lebenseinstellung
- Ideenreich
- Starrköpfig
- Interkulturell
- Einfühlsam
- Witzig
- Ehrgeizig

Fremdwahrnehmung

- Selbstbewusst
- Mutig
- Großzügig
- Anspruchsvoll
- Aktiv
- Unentschlossen
- Ungeduldig
- Spontan

Unser Eigenbild ist meistens schnell erstellt. Wir haben eine klare Meinung über uns selbst. Bei der Sammlung von Erkenntnissen über unsere Fremdwahrnehmung benötigen wir etwas Zeit, um Freunde, Arbeitskollegen, Familie, Partner oder andere in unserem Umfeld zu bitten, uns den Spiegel vorzuhalten. In vielen Fällen werden wir einige Aha-Effekte (im Beispiel von Sue markiert) erleben. Diese Erkenntnisse sind sehr wertvoll und je nach Lebensbereich sollten wir W-Fragen nutzen, um mehr darüber zu erfahren. Wer uns Feedback geben kann, ist abhängig von der Veränderung, die wir anstreben möchten (Arbeit, Freizeit, Partnerschaft, Gesundheit). Oft nehmen wir unterschiedliche Rollen in verschiedenen Lebensbereichen ein.

W-Fragen anwenden

Beispiel für W-Fragen: **Wann** habe ich mich das letzte Mal so verhalten? **Wie** hat sich mein Umfeld gefühlt? **Was** hast du dir dabei gedacht, als ich mich so verhalten habe? Es sind auch oft genau die Antworten auf diese Fragen, die Möglichkeiten für eine Veränderung bieten. Die wichtigsten sollten wir am Ende markieren. Die folgenden Seiten bieten Platz für diese Gegenüberstellung und Reflexion. Wir können beim Eigenbild versus Fremdwahrnehmung unsere Wirkung auf andere vergleichen oder spezifische Themen herauspicken.
So würde Sue zum Beispiel nochmals differenziert auf das Thema Beziehung und Partnerschaft bei guten Freunden eingehen.

**Wie ist dein Blick auf die Situation?
Wie sehen die anderen deine Situation
und was sagen sie dazu?**

Design Your Future

Eigenbild

Fremdwahrnehmung

Eigenbild

Fremdwahrnehmung

Raum für Notizen und neue Erkenntnisse

Standpunkt definieren

Durch die verschiedenen Arten der Reflexion, das Energie-Journal sowie die Erkenntnisse aus dem Eigenbild versus Fremdbild haben wir neue Einsichten über uns selbst erhalten und unser Signal- und Warnsystem besser kennengelernt. Somit sind wir schon einen großen Schritt weiter in unseren Bemühungen, unser Leben zu verändern. Basierend auf diesen Erkenntnissen möchten wir jetzt den Standpunkt definieren. Dieser Schritt ist extrem wichtig für die späteren Phasen, in denen wir zielgerichtet Ideen für unsere Veränderung suchen.

Standpunkt definieren

Wir verlassen also die Phase des Verstehens und Beobachtens und gehen im «DESIGN YOUR FUTURE»-Prozess einen Schritt weiter. Wir formulieren den Standpunkt. Im Design Thinking wird hierfür der Begriff «Point of View» verwendet.

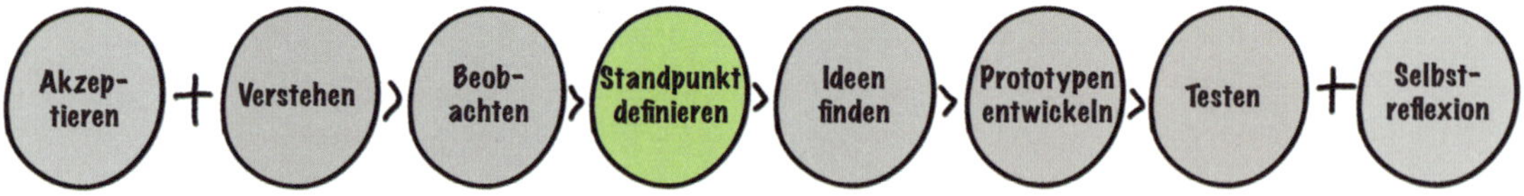

In diesem Statement halten wir fest, was die wichtigsten Erkenntnisse sind. Aber am besten ordnen wir zuerst unsere Gedanken und markieren die wichtigsten Erkenntnisse aus unserem Selbstdialog, unseren Aktivitäten, dem Eigenbild und der Fremdwahrnehmung.

Eine Context-Map erstellen

Wir haben gute Erfahrungen damit gemacht, die Erkenntnisse erstmal in einer Context-Map darzustellen, welche die Rahmenbedingungen definiert und visualisiert. So lassen sich die Gedanken zu bestimmten Themen – wie zum Beispiel Beziehung, Arbeit, Freizeit und Gesundheit – gut strukturieren, bevor wir den Standpunkt ausformulieren.

Context-Map von Sue zum Thema «Beziehung»

Sue hat zum Beispiel einige Erkenntnisse für das Thema Beziehung («Suche nach dem passenden Partner») in die Context-Map eingetragen. Die Erkenntnisse stammen aus den Übungen zur Selbstreflexion (Verstehen und Beobachten).

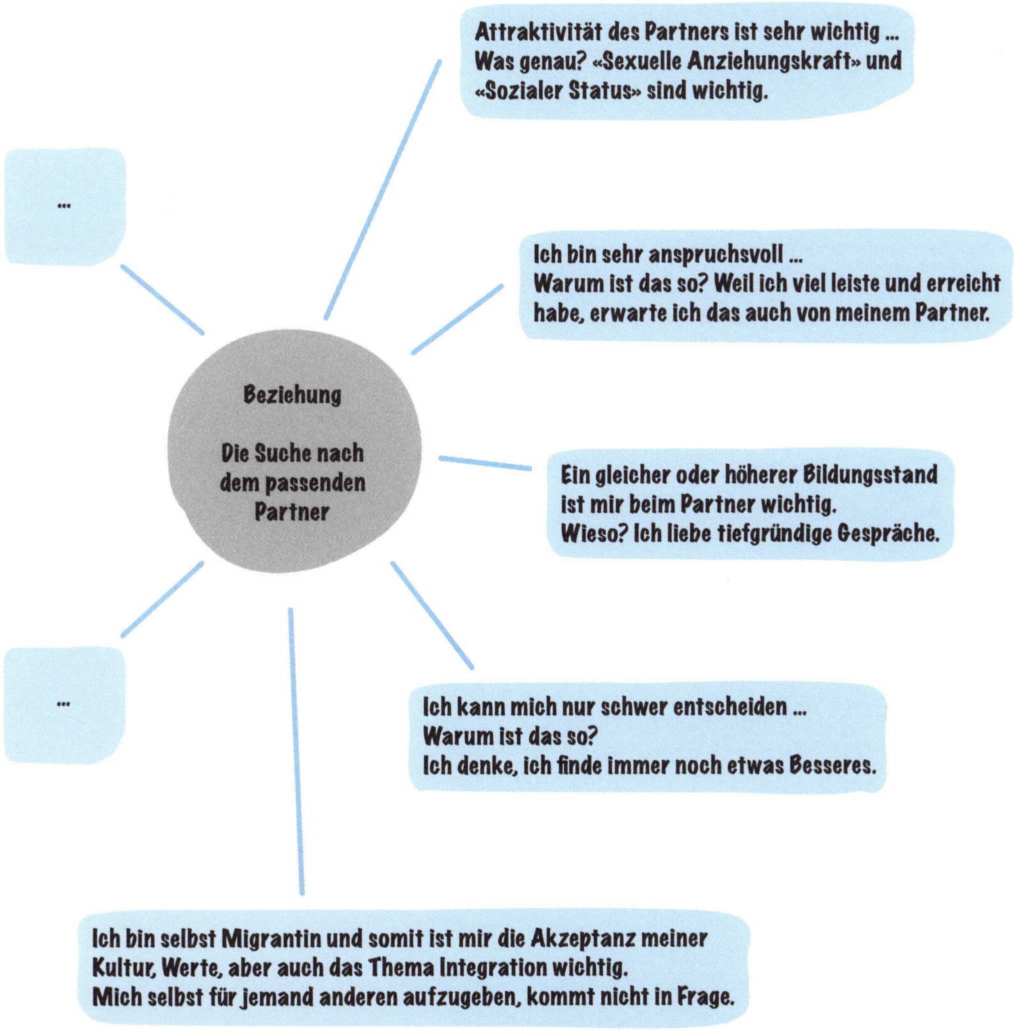

Erstelle deine eigene Context-Map

Es gibt verschiedene Möglichkeiten, eine Context-Map zu erstellen. Oft haben wir noch weitere Verästelungen, die wir ergänzen können. Wichtig ist, dass du das zentrale Element in den Betrachtungsfokus setzt und in die Blattmitte schreibst. Auf den folgenden Seiten hast du Platz, deine Context-Maps zu füllen, bevor es an die Formulierung eines Standpunkts geht.

Design Your Future

Wie formulieren wir den Standpunkt?

Der Standpunkt basiert am besten auf einer bildhaften Vorstellung. Wir lassen ein solches Bild der gewünschten Zukunft in unserer Fantasie entstehen. Wir notieren und beschreiben dieses Bild mit unseren momentanen Empfindungen und Gefühlen. Zusätzlich können wir uns vorstellen, wie wir im Kontext unserer Veränderung glücklich sind. Dieses Vorgehen löst zusätzliche Empfindungen aus, die wir ebenfalls notieren.

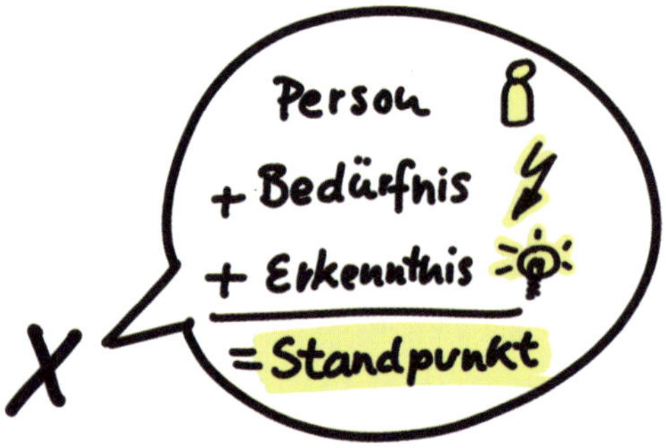

Sue hat zum Beispiel in Bezug auf ihre Partnersuche von verschiedenen Freunden das Feedback erhalten, dass sie in der Kennenlernphase zu viel von sich preisgibt (eine Hypothese), was die Männer vermutlich abschreckt. Dies war Sue bislang nicht bewusst. Von ihren Freunden kam als Veränderungsidee der Tipp, geheimnisvoller zu wirken.

Standpunkt von Sue

Sues Standpunkt liest sich wie folgt.

«Ich möchte als nächsten Schritt der Veränderung geheimnisvoller auf Männer wirken, weil ich sie in der Kennenlernphase nicht verschrecken möchte.»

Auch Helmut hat aus seiner Reflexion etwas mitgenommen, was er verändern möchte. Die Freunde von Helmut äußerten die Vermutung (Hypothese), dass seine Frau sich wieder stärker geliebt fühlen würde, wenn er auch etwas mehr Freude bei den Besuchen der Schwiegereltern hätte.

Standpunkt von Helmut

«Ich möchte als nächsten Schritt der Veränderung etwas mit meiner Frau und meinen Schwiegereltern unternehmen, das uns allen Freude bereitet, weil es mir wichtig ist, dass sich meine Frau von mir geliebt fühlt.»

Jetzt bist du an der Reihe, aus all deinen Erkenntnissen und dem Bild einer potenziellen Zukunft einen Satz zu formulieren, der diesen Zustand bestmöglich beschreibt. Wir formulieren diesen am besten in der Gegenwart, positiv und mit einfachen Worten. Wichtig ist, einfach zu starten. Wir werden unseren Satz in verschiedenen Iterationen bearbeiten, um am Ende eine Variante zu erhalten, mit der du dich wohlfühlst.

Standpunkt formulieren

Beim Formulieren des Standpunkts im DESIGN YOUR FUTURE folgen wir dem Schema, welches Helmut und Sue angewandt haben. Am Ende solltest du eine Variante haben, mit der du dich gut fühlst.

Variante 1

«Ich, ____________________ **, möchte als nächsten Schritt der Veränderung**
(dein Name)

____ ,
(Mission)

weil ____ .»
(Bedürfnis/Grund/positive Gefühle)

Wenn du deinen Satz jetzt nochmals betrachtest, kannst du reflektieren:

- Bist du mit der Aussage wirklich zufrieden?
- Wie fühlt es sich an, wenn du mit dieser Vorstellung unterwegs bist?
- Was genau fühlt sich besser an? Wo spürst du es in deinem Körper?
- Woran können andere diese neue Mission an dir erkennen?
- Wovon würdest du noch mehr tun? Was sind die Störfaktoren für ein positives Gefühl?

Am besten versuchst du, den Satz in die folgende Skala einzusortieren. Falls du ihn eher links einordnest, dann solltest du ihn anpassen und so lange verbessern, bis du dich damit gut fühlst.

Wir haben das Schema noch ein paar Mal eingefügt, um Platz für Iterationen zu lassen. Oftmals liegen wir mit der ersten oder zweiten Variante schon richtig, und manchmal bedarf es nur einer kleinen Anpassung, um einen Standpunkt zu beschreiben, bei dem wir uns wohlfühlen.

Standpunkt iterativ verbessern

Design Your Future

Variante 2

«Ich, ______________________ **, möchte als nächsten Schritt der Veränderung**
(dein Name)

____ ,
(Mission)

weil ____ .»
(Bedürfnis/Grund/positive Gefühle)

Variante 3

«Ich, ______________________ **, möchte als nächsten Schritt der Veränderung**
(dein Name)

____ ,
(Mission)

weil ____ .»
(Bedürfnis/Grund/positive Gefühle)

Finaler Standpunkt

«Ich, ______________________ **, möchte als nächsten Schritt der Veränderung**
(dein Name)

____ ,
(Mission)

weil ____ .»
(Bedürfnis/Grund/positive Gefühle)

Ideen finden und selektieren

Im DYF möchten wir anfangs möglichst viele Ideen und Möglichkeiten entwickeln, um die ganze Bandbreite aufzuzeigen, wie wir selbstwirksam werden können, bevor wir einzelne Ideen für einen Test auswählen. In diesem **DESIGN YOUR FUTURE** Playbook nutzen wir Kreativitätstechniken, wie zum Beispiel Brainwriting und der Einsatz von Analogien, um neue Ideen zu erhalten. Dies sind effektive Möglichkeiten für die Erkundung von neuen Lebenspfaden.

Wie finden wir Ideen?

Nach der Phase des Verstehens, Beobachtens und der Formulierung eines Standpunkts geht es nun darum, unsere Mission mit konkreten Ideen zu füllen. Ausgangslage hierfür ist unser Standpunkt von Seite 106/107.

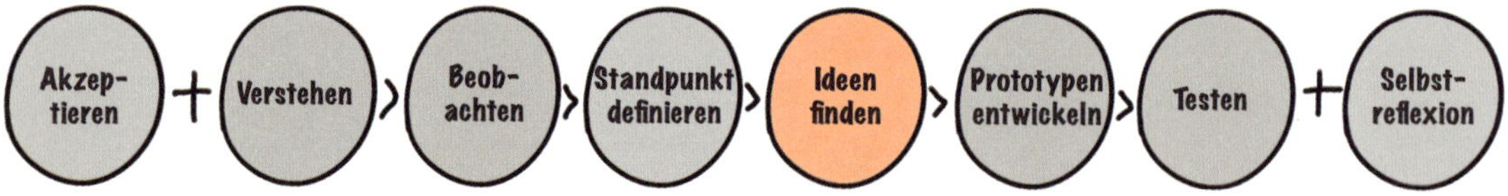

Vielleicht gab es über die letzten Tage und Wochen bereits erste Ideen aus unseren unterschiedlichen Reflexionsübungen, wie wir unsere Veränderung anstoßen und umsetzen können.

Manche Veränderungen haben wir vielleicht schon in den ersten Tagen im Rahmen der Reflexion aus dem Energie-Journal umgesetzt oder damit experimentiert. Da wir aber nicht alles auf einmal verändern sollten, konzentrieren wir uns jetzt am besten auf die Elemente, die uns besonders wichtig erscheinen oder die wir als dringend empfinden.

Den Grund dafür kennen wir. Unser Leben kann als Mobile betrachtet werden, bei dem sich die einzelnen Lebensbereiche gegenseitig ausbalancieren und jede Veränderung dazu führt, dass eine neue Balance im Gesamtsystem gefunden werden kann.

Besonders sollten wir uns nochmals in Erinnerung rufen, was unveränderbare Sachverhalte und was Probleme sind, die wir angehen können.

Die Kriterien für die Auswahl der Veränderung muss jeder für sich selbst definieren. In vielen Fällen kann es auch ein Weg sein, der verschiedene Etappen hat, ähnlich der Besteigung eines hohen Berges. Kleine Etappen lassen sich zum Beispiel aus dem Energie-Journal ableiten. Keine Angst, wenn es mal stockt. In diesem Prozess sind kleine Pausen (Stillstand) zum Innehalten und Reflektieren ganz normal und sehr wertvoll. Eine Rast hilft uns, Kraft für die nächste Etappe zu sammeln.

Sues Etappen, für die sie Ideen und Lösungen sucht.

Sue hat «geheimnisvoll wirken» als erste Etappe formuliert. Eine zweite Etappe könnte sein, auch Männer zu daten, die einen anderen sozialen Status haben. Wir konzentrieren uns auf das «WAS» bei der Formulierung der Etappen. Das «WIE» würde bereits die Lösung beschreiben.

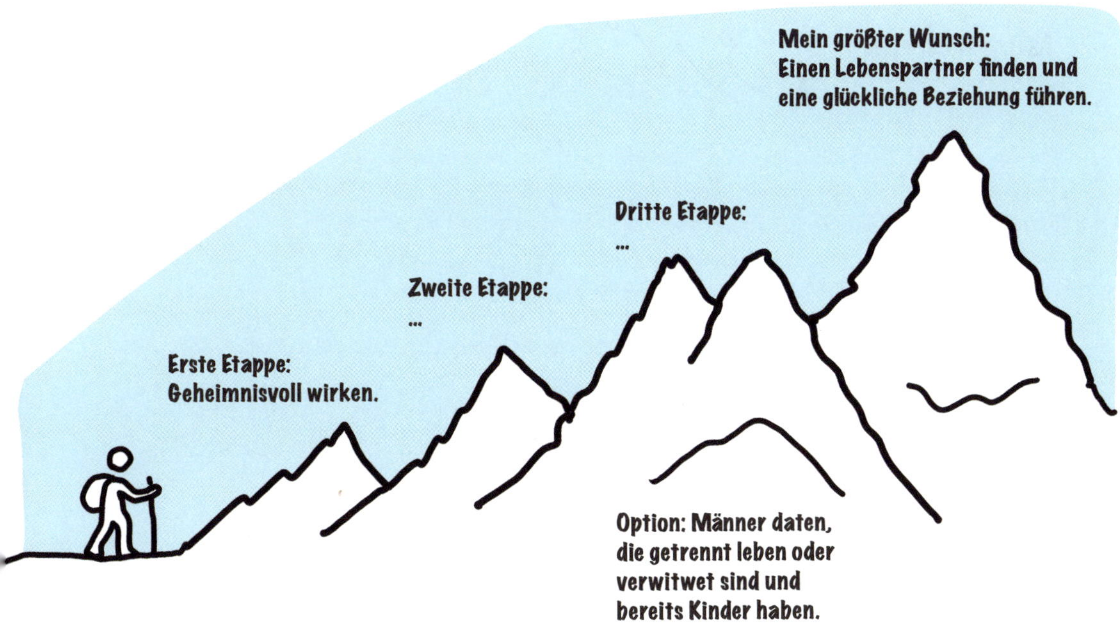

Etappen und Ziele definieren

Definiere deine Etappen und Ziele für einen oder mehrere Lebensbereiche.

Meine Teiletappen

Mein größter Wunsch

Meine Teiletappen

Mein größter Wunsch

Meine Teiletappen

Mein größter Wunsch

Meine Teiletappen

Mein größter Wunsch

Nachdem wir wissen, «WAS» wir verändern möchten, benötigen wir «Ideen» für das «WIE».

Wie können wir kreative Ideen für die Realisierung von ersten Etappen entwickeln?

Im Design Thinking gibt es zwei Zustände: Divergieren und Konvergieren. Beim Divergieren geht es darum, so viele Ideen wie möglich zu erzeugen. Um Ideen zu finden, hilft uns eine bekannte Kreativitätsmethode, das Brainstorming bzw. Brainwriting (Ideen selber aufschreiben). Das Konvergieren dagegen dient der Fokussierung und dazu, den geeignetsten Lösungsansatz zu schärfen, indem wir neue Konzepte ausprobieren und schließlich umsetzen.

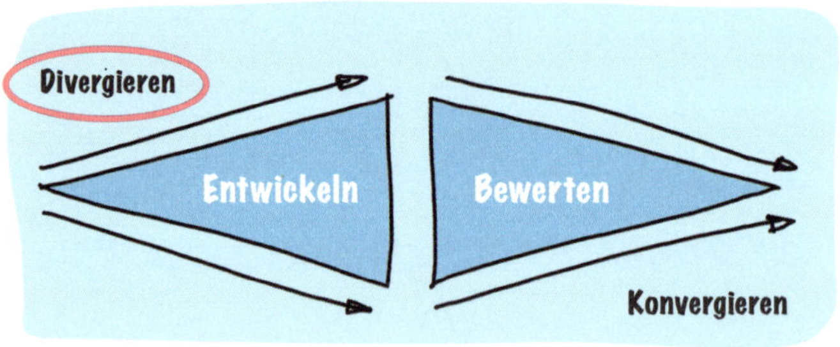

In dieser Phase möchten wir erst einmal allen Ideen freien Lauf lassen. Am besten nutzen wir das Brainwriting, um zu starten. Wir schreiben alles auf, was uns in den Sinn kommt.

Erste Ideen von Helmut für die Etappe «Der Beziehung mehr Schwung verleihen»

Wir erinnern uns an Helmut. Er möchte in einer ersten Etappe die Beziehung mit seiner Frau verbessern. Die Beziehung fühlt sich langweilig und lieblos an. Ihr gemeinsamer Wunsch ist es, eine glückliche Beziehung zu führen. Er startet mit einem Brainwriting und notiert sich alle kreativen Ideen, die ihm zu dieser Etappe einfallen.

über sexuelle
Bedürfnisse reden

Besser zuhören

Schwiegereltern nicht
mehr besuchen

Regula ein Motorrad
kaufen

Trennung

Auszeit nehmen

Paarberatung

Fremdgehen

Zusammen über
Probleme reden

Eifersucht

Blogs zu Lebens-
planung lesen

Mehr Geld verdienen

Job-/Renten-
Situation ändern

Beziehung durch
mehr Achtsamkeit
verbessern

Beziehung verbessern

Einen Freund/-in
um Rat fragen

Kind zeugen!?

Mehr Intimität

Großzügiger sein

Selbsthilfegruppe

Beziehung durch
mehr Achtsamkeit
verbessern

Auswandern

Gemeinsame Ferien/
Aktivitäten

Eigenes Verhalten
reflektieren

Beziehungsratgeber
lesen

Gemeinsames und
einzigartiges Erlebnis
(z.B. Fallschirmsprung)

Wohnsituation ändern

Sich fragen, wie eigenes
Verhalten wirkt (bei Partnerin,
Schwiegereltern, Freunden)

Sues Liste an Ideen, um einen Lebenspartner zu finden

Sue hat sich ebenfalls Gedanken zu **«WIE könnte ich ...»** gemacht. Sie sucht Ideen, um den passenden Lebenspartner zu finden und möchte erst einmal herausfinden, bei welchen Gelegenheiten sie die Erkenntnis «geheimnisvoll wirken» testen kann. Sue bedient sich einer Tabelle für das Brainwriting.

Brainwriting von Sue zu «Bei welchen Gelegenheiten kann ich geheimnisvoll wirken?»	
■ Jemanden bei einer neuen Freizeitaktivität kennenlernen	■ Zum Speed-Dating anmelden und so viele Kontakte in kurzer Zeit erhalten
■ Bei einem Kurs an der Volkshochschule	■ Gedichte schreiben und diese online veröffentlichen (zum Beispiel als Blog oder öffentlich vortragen)
■ Eine Art «Street-Performance» einstudieren und aufführen und so geheimnisvoll wirken	■ An Events teilnehmen mit einem gemischten und internationalen Publikum
■ Etwas anderes studieren, ohne Bezug zu Wirtschaft und Marketing	■ Eine Studienreise für Singles machen
■ Öfter Einladungen bei Freunden folgen und mehr private Partys besuchen	■ Meetups zu ganz unbekannten Themen besuchen
■ ...	■ ...
■ ...	■ ...

Ideen finden

Wir möchten ebenfalls kreative Ideen brainstormen und deshalb nutzen wir die folgenden Seiten, um unseren erreichbaren Wunsch oder eine erste realistische Etappe mit Ideen zu füllen. Am besten machen wir es wie Helmut. Wir schreiben den Begriff der Etappe in die Mitte einer leeren Seite im DYF-Buch. Dann schreiben wir rundherum alle Assoziationen auf (wilde, auf den ersten Blick sinnlose, radikale Ideen) oder arbeiten in einer Liste mit zwei Spalten wie Sue.

Falls es stockt, machen wir einfach anderswo weiter. Es geht um die Menge an Ideen, nicht um Qualität, und falls wir nicht weiterkommen, fragen wir uns: **«WIE könnte ich ...»**

Brainwriting: Was sind deine erste Ideen für die Realisierung deiner Etappe?

Design Your Future

Brainwriting und Brainstorming für deine Ideen

Design Your Future

Brainwriting und Brainstorming für deine Ideen

Brainwriting und Brainstorming für deine Ideen

Ideen auswählen

Nach dieser Übung haben wir sicherlich eine Vielzahl an unterschiedlichsten Ideen für eine oder mehrere Etappen. Am besten heben wir fünf bis sieben Ideen mit einem Textmarker hervor. Wir wählen intuitiv die Ideen aus, die wir als hilfreich und unterstützend empfinden und übertragen sie auf ein «Gänseblümchen». Es ist wichtig, diese erste Auswahl zu treffen, denn dadurch wirst du selbstwirksam und stößt eine positive Veränderung an.

Der Vorteil, mit einem «Gänseblümchen» als Darstellungsmethode zu arbeiten, ist, dass alle Blätter der Blume gleichwertig sind und wir keine automatische Priorisierung der Ideen vornehmen, wie es sich oftmals bei Listen einschleicht.

Sues Auswahl an Ideen

Sue ist mit Brainwriting auf über zwanzig Ideen gekommen, wie sie «geheimnisvoll wirken kann». Einige haben ihr besser zugesagt, andere weniger. Für ihr Ziel «geheimnisvoll wirken» hat sie die folgenden sechs Aktivitäten für sich ausgewählt.

Nicht so viel über mich selbst sprechen - sondern mehr WARUM-Fragen stellen.
«Poesie» oder Motto für die Woche schreiben und dieses auf den sozialen Medien teilen. Reaktion aktiv mit einer Frage anstoßen.
Von etwas erzählen, das man in einer Schatztruhe aufbewahrt und über das man bei Nachfragen keine Details preisgibt, wie zum Beispiel ein Bild mit einem Filmstar.
Ein persönliches Statement formulieren, das unerwartet eingebracht werden kann und Neugier erzeugt.
Mir fünf kreative Sätze überlegen, die mich in einer Unterhaltung interessant machen bzw. geheimnisvoll.
Ein LinkedIn Learning zum Thema Lebensreflexion schreiben.

Auswahl von Ideen für unsere Etappe

Auf den folgenden Seiten ist Platz, deine eigenen «Gänseblümchen» zu erstellen und so deine Gedanken zu sortieren. Wichtig ist es dabei, Ideen zu wählen, mit denen du dich gut fühlst und die dir als sinnvoll zur Erreichung der Etappe erscheinen.

Sind wir mit den Ideen zufrieden oder suchen wir nach noch kreativeren Ideen?

Nach dieser ersten Iteration der Ideensuche kann es sein, dass wir mit dem Ergebnis schon recht zufrieden sind. Dann sollten wir direkt auf Seite 136 gehen und den Übergang von einer divergierenden Phase in die konvergierende Phase einleiten.

Falls wir unsere Kreativität noch steigern und mehr Ideen generieren möchten, dann sollten wir noch eine andere Design-Thinking-Methode ausprobieren, nämlich die Arbeit mit Analogien. Hierbei geht es darum, hilfreiche Ideen aus anderen Lebensbereichen oder -abschnitten ins Brainstorming miteinzubeziehen, um auf neue Lösungsvarianten zu kommen.

Welche Analogie könnte Sue wählen?

Sues erster Gedanke in Bezug auf «geheimnisvoll wirken» ist die Analogie «Geheimagent». James Bond ist für sie der Inbegriff von jemandem, der geheimnisvoll wirkt. Allein schon das bekannte Statement «Gerührt, nicht geschüttelt» weckt Interesse und macht den MI6-Agenten interessant.

Sue formuliert aus der gewählten Analogie den folgenden Satz:

Wie kann ich mit dem Auftreten als Geheimagentin mein aktuelles Verhalten (zu offensiv und transparent) verbessern?

Helmut liefert uns ein weiteres Beispiel. So können etwa auch Analogien aus der Vergangenheit genutzt werden. Helmut erinnert sich an die Zeit, als er Regula kennengelernt hat, und er bildet auf dieser Basis Assoziationen.

Analogien für Helmuts Etappe

«Warum Regula und ich so viel glücklicher waren, als wir uns vor dreißig Jahren das Ja-Wort gaben.»

ODER

«Was waren die Eigenschaften, die ich an Regula so geschätzt habe, als wir uns kennengelernt haben?»

Analogien brainstormen und beschreiben

Für die Arbeit mit Analogien ist es zweckdienlich, dass du dir zwei bis drei Analogien ausdenkst und diese dann als Satz formulierst. Im Anschluss daran empfehlen wir dir, nochmals ein Brainstorming für eine oder zwei der Analogien durchzuführen.

Brainstorming für Analogien:

Analogien helfen uns, die Perspektive zu wechseln und die Kreativität zu steigern.

Design Your Future

Analogie 1

Wie kann ich unter Einbezug von ______________________________
(Benchmark)

meine aktuelle Situation ______________________________
(Problem)

verbessern?

Analogie 2

Wie kann ich unter Einbezug von ______________________________
(Benchmark)

meine aktuelle Situation ______________________________
(Problem)

verbessern?

Analogie 3

Wie kann ich unter Einbezug von ______________________________
(Benchmark)

meine aktuelle Situation ______________________________
(Problem)

verbessern?

Wie generieren wir auf Basis einer Analogie weitere Ideen?

Im Rahmen von Brainwriting notieren wir uns auf den folgenden Seiten wieder alle Lösungsmöglichkeiten für die gewählten Analogien und tragen die passendsten Lösungen im Anschluss wieder in unser Gänseblümchen ein.

Sue hat nach ihrem Brainstorming bereits verschiedene Lösungen zur Analogie «James Bond» ermittelt und in einem weiteren Gänseblümchen zusammengefasst.

Sues Brainstorming mit Analogien

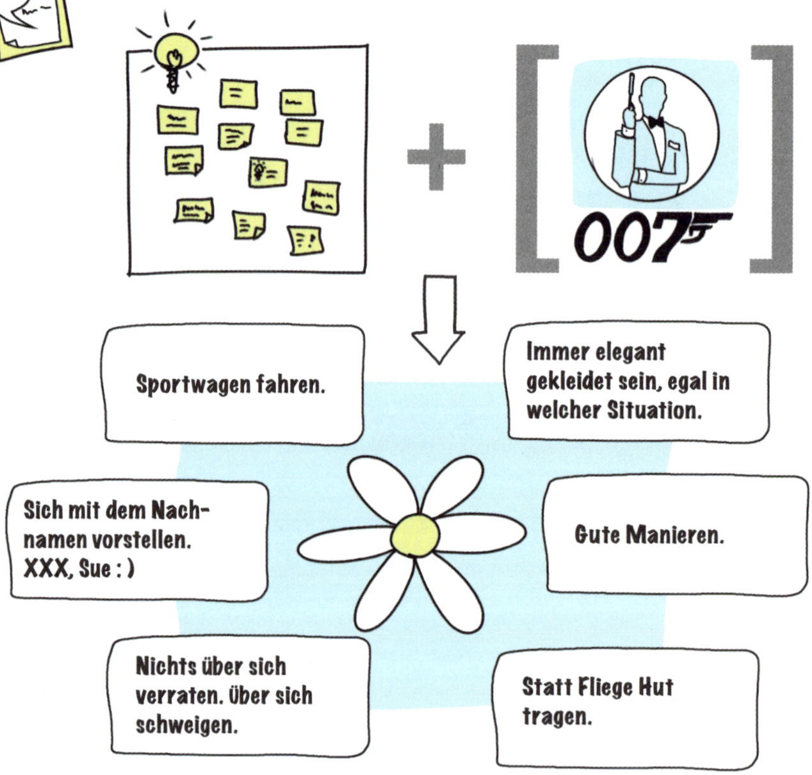

Brainwriting angestoßen durch Analogie

Design Your Future

Auf den folgenden Seiten hast du Platz für ein Brainwriting zu einer oder mehreren Analogien, die du auf Seite 129 definiert hast. Nach dem Brainstorming wählst du Ideen aus, die dir zusagen, und trägst sie wieder entsprechend in ein Gänseblümchen ein.

Brainwriting angestoßen durch Analogie

Brainwriting angestoßen durch Analogie

Design Your Future

Auswahl von Lösungen

Auf den folgenden Seiten hast du Platz, weitere «Gänseblümchen» zu erstellen und deine Gedanken zu sortieren. Wichtig ist es dabei, die Ideen aus der Analogieübung zu wählen, die dir sinnvoll zur Erreichung der Etappe erscheinen.

Braucht es noch mehr Kreativität?

Inzwischen haben wir sehr viele Ideen gesammelt und es macht
Sinn, diese Phase abzuschließen und ins Konvergieren überzugehen.

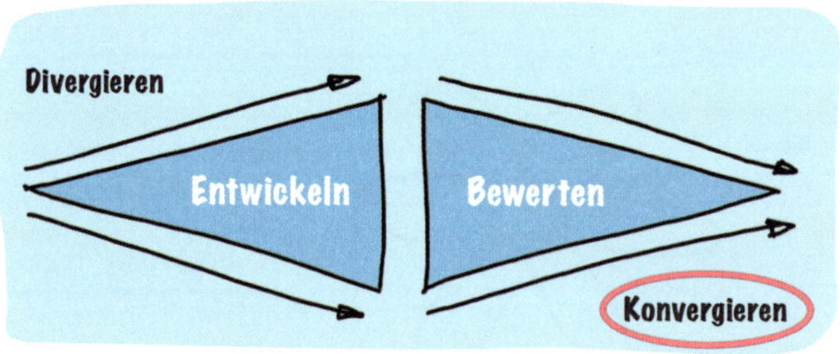

Natürlich können wir noch weitere Brainstorming- und Brainwriting-Methoden anwenden (z. B. Dark Horse, eine Technik, bei der wir elementare Dinge weglassen, wie z. B. im Fall Helmut: «Wie wäre das Leben ohne meine Frau?»). Meist haben wir aber an dieser Stelle bereits eine Vielzahl an potenziellen Lösungen für ein besseres Leben zusammengetragen, sodass wir im DYF-Prozess weitergehen können. Das heißt, wir fokussieren uns auf die Lösungen, die umsetzbar sind und die dazu beitragen können, dass wir uns glücklicher fühlen. Wir betreten die «Groan Zone».

Warum «Groan Zone»?

Der Übergang von einer divergierenden Phase zu einer konvergierenden Phase wird auch als Groan Zone (= Ächzen, Stöhnen) bezeichnet. Das kommt daher, dass es eine Herausforderung ist, aus der Vielzahl der Ideen realistische Veränderungsmöglichkeiten auszuwählen und die Etappen in eine gute Reihenfolge zu bringen.

Wir sollten am Ende die mögliche Auswahl auf wenige Lösungsansätze beschränken. Je mehr Optionen wir zu Wahl haben, desto schwieriger wird die Selektion. Wir brauchen uns an dieser Stelle auch keine Sorgen zu machen, dass wir eine Idee, die brillant ist, auslassen. Am Ende entscheiden wir meist intuitiv richtig, was die aktuell passendste Auswahl ist.

Für die Selektion können wir zusätzlich die folgenden vier Fragen, welche wir einleitend bereits benutzt haben, hinzunehmen:

- Wie fühlt sich die Lösung an?
- Welche Lösung fühlt sich besser an? Wo und was spürst du diese in deinem Körper, wenn du dir die Lösung vorstellst?
- Woran würden andere erkennen, dass du etwas Neues ausprobierst?
- Wovon würdest du noch mehr tun? Was sind die Störfaktoren für ein positives Gefühl?

Im Folgenden werden wir vier Schritte durchführen.

1. Zusammenfassen und Selektieren von Ideen.
2. Visualisieren von Ideen und Zielzustand.
3. Lebenskonzepte testen und damit experimentieren.
4. Etappen und geeignete Lebenskonzepte iterativ verbessern.

Wie können wir Ideen zusammenfassen, selektieren und auswählen?

Für die Auswahl und das Clustering von Ideen können wir Ideen auf einer sog. Entscheidungsmatrix einfügen. Die Achsen können wir zum Beispiel mit «cool» und «machbar» beschriften. Unsere Ideen aus den verschiedenen Gänseblümchen lassen sich auf diese Weise sehr schnell einsortieren.

Sues Auswahl an Lösungen

Da Sue bereits einige coole Ideen entwickelt hat, bleiben wir bei ihrer Entscheidungsmatrix. Sie sortiert die einzelnen Ideen nach ihrem Empfinden ins Raster ein. Alles, was «cool» und «machbar» ist, möchte Sue weiterverfolgen.

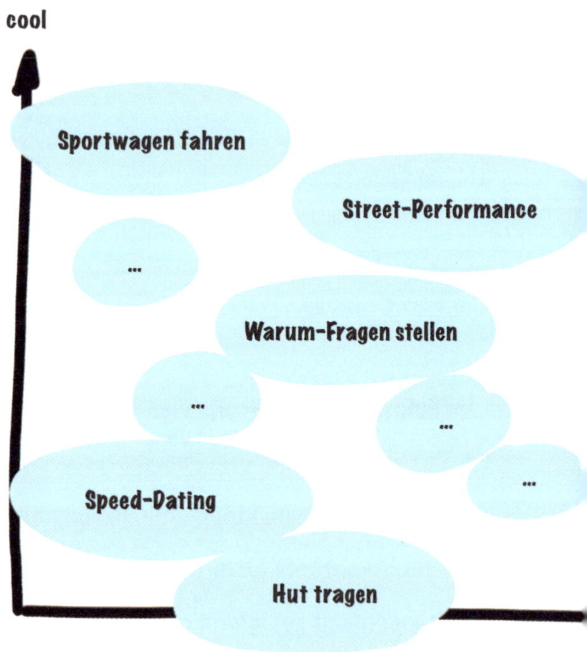

Auf den folgenden Seiten kannst du deine Ideen ebenfalls in ein solches Raster eintragen. In der Regel funktioniert es für gewünschte Veränderungen im Beruf, Familie, Beziehung und Gesundheit.

Natürlich kannst du auch andere Achsen definieren oder diese stärker eingrenzen, wie zum Beispiel «finanzierbar» statt «machbar», sodass die Matrix deinen persönlichen Bedürfnissen am nächsten kommt.

Welche Ideen sind cool und machbar?

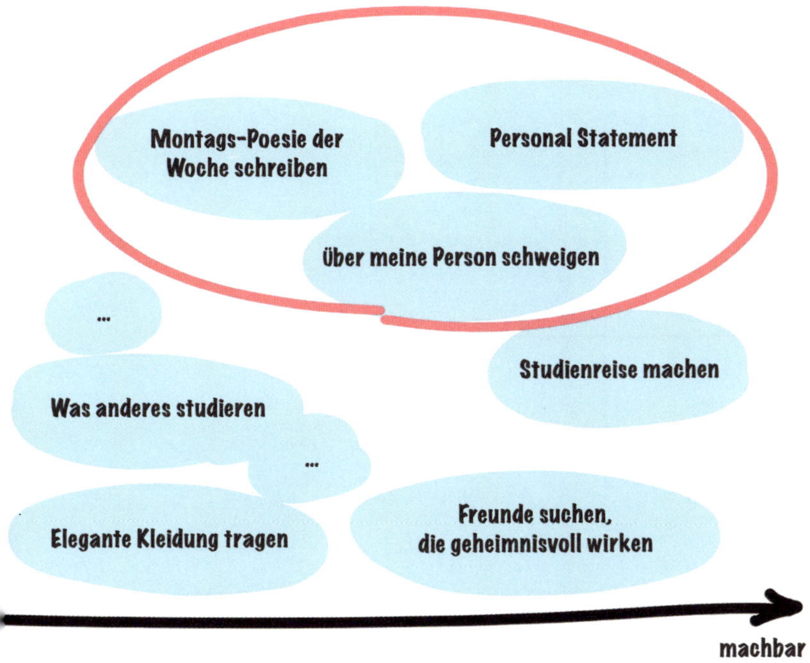

Ideen zusammenfassen, selektieren und auswählen

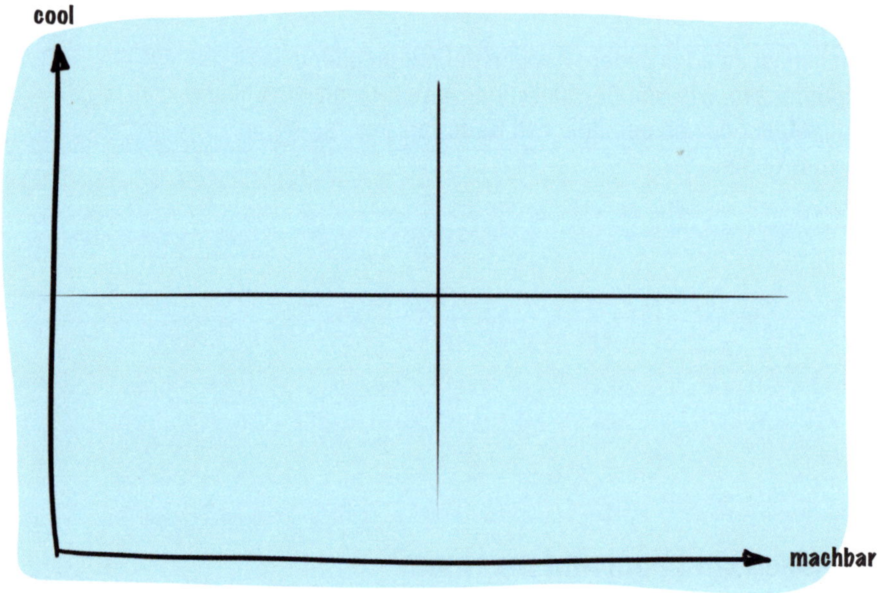

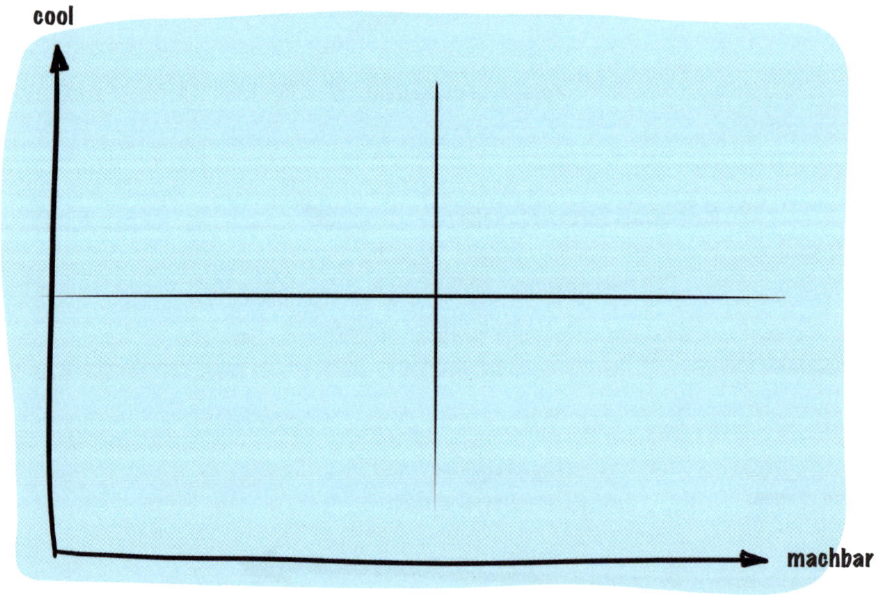

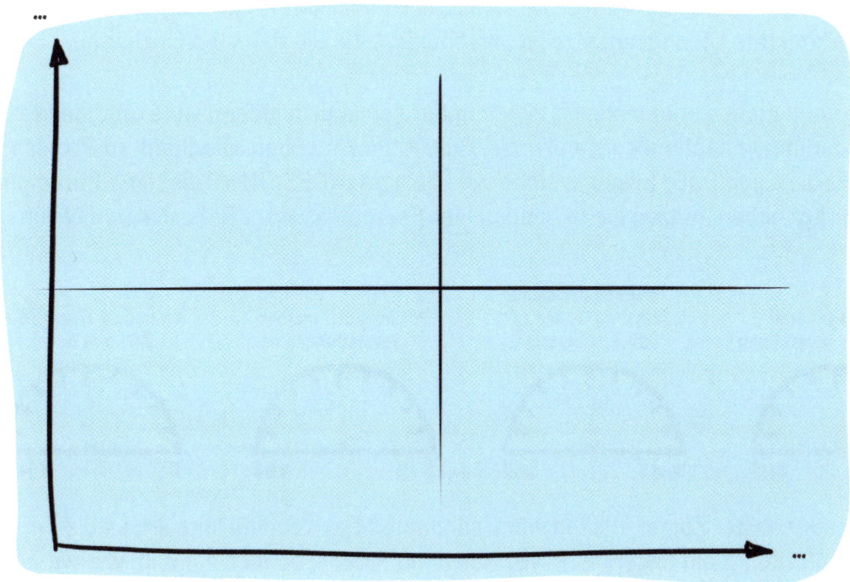

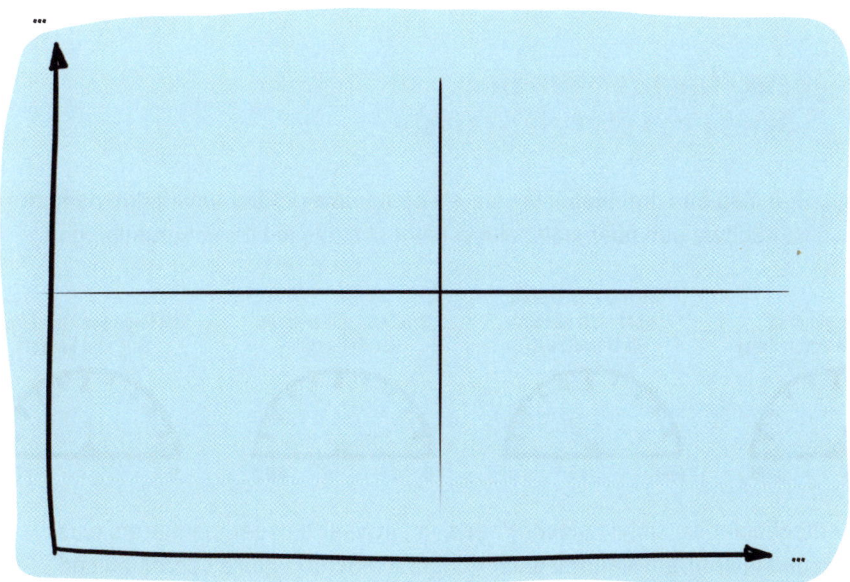

Wie können wir weiter selektieren?

Durch unser Clustering und eine erste Selektion ist es in der Regel möglich, sich für drei bis sechs konkrete Lösungsansätze zu entscheiden, die wir dann testen können.

Falls wir noch nicht sicher sind, mit welchen der selektierten Ideen wir experimentieren sollen, können wir nochmals einen kurzen Quer-Check machen. Die Stanford-Professoren Bill Burnett und Dave Evans, welche vor allem das «DESIGN YOUR LIFE»-Paradigma stark geprägt haben, nutzen die folgenden vier Perspektiven zur Reflexion von Lösungen:

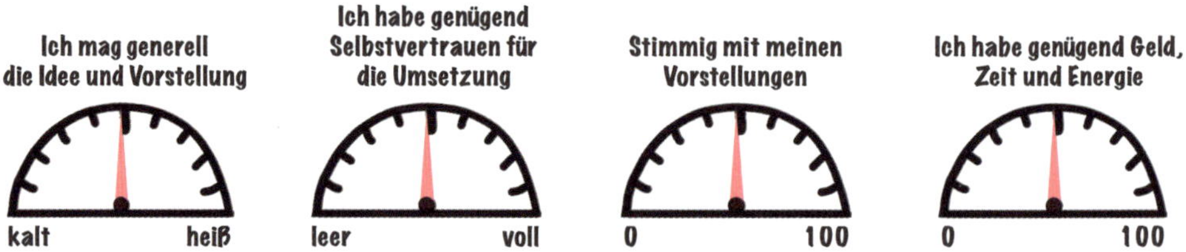

Ideen, bei denen der Zeiger in allen vier Dashboards nach rechts tendiert, sind sehr gute Indikatoren für ein Experiment. Wir bekommen damit schnell ein Bild, wie wir uns mit den Lösungen fühlen.

Bewertung von Sue zu «Schweigen über sich selbst»

Sue mag alle drei Ideen, die sie als cool und machbar empfindet. Jedoch ist «Schweigen über sich selbst» nicht stimmig mit ihren Vorstellungen.

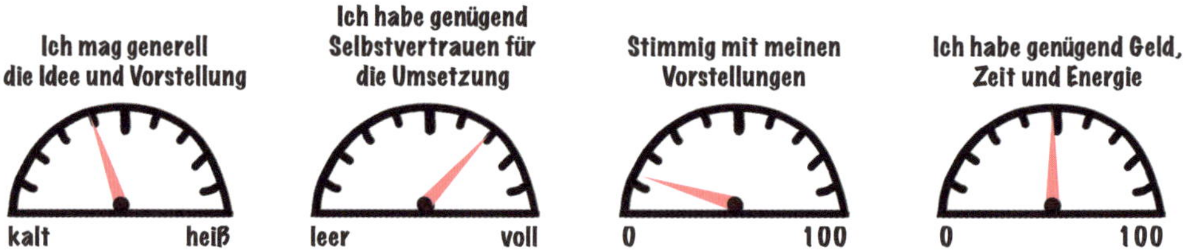

Deshalb entscheidet sie sich in dieser Phase, mit etwas zu experimentieren, was proaktiv ist und eher ihrem Naturell entspricht. Sie möchte Poesie schreiben und diese Inhalte auf den sozialen Medien teilen.

Bewertung von Favoriten

Reflektiere deine Favoriten mit den vier Perspektiven.

Favorit 1 bewerten: . . . .

Ich mag generell die Idee und Vorstellung

kalt heiß

Ich habe genügend Selbstvertrauen für die Umsetzung

leer voll

Stimmig mit meinen Vorstellungen

0 100

Ich habe genügend Geld, Zeit und Energie

0 100

Favorit 2 bewerten: . . . .

Ich mag generell die Idee und Vorstellung

kalt heiß

Ich habe genügend Selbstvertrauen für die Umsetzung

leer voll

Stimmig mit meinen Vorstellungen

0 100

Ich habe genügend Geld, Zeit und Energie

0 100

Favorit 3 bewerten: . . . .

Ich mag generell die Idee und Vorstellung

kalt heiß

Ich habe genügend Selbstvertrauen für die Umsetzung

leer voll

Stimmig mit meinen Vorstellungen

0 100

Ich habe genügend Geld, Zeit und Energie

0 100

Lebenspläne gestalten, testen und umsetzen

Die bildhafte Vorstellung unserer potenziellen Lebenspläne sind unsere Prototypen, die wir auf Basis der selektierten Ideen zu einer Lösung gestalten. Diese sind aber nichts anderes als Hypothesen, die so lange im Raum stehen, bis wir sie im realen Leben testen. Die praktische Erfahrung und Interaktion mit anderen Menschen im Zusammenhang mit unseren Prototypen sind entscheidend, um Feedback zu erhalten und schließlich iterativ ein Leben zu gestalten, das uns glücklicher macht. Ob die jeweiligen Thesen sich als nützlich erweisen, zeigt sich jedoch erst bei der Umsetzung unseres Lebensplans.

Prototypen in Form von Visualisierungen der Etappen und Lebenskonzepte

Für eine Visualisierung der ausgewählten Ideen und Lebenskonzepte in der Phase «Prototypen entwickeln» haben wir gute Erfahrungen mit einem Raster gemacht, das mit einer Startphase beginnt, drei Etappen aufzeigt und ein Wunschbild am Ende skizziert (siehe Lebensplan von Sue auf Seite 147). Es ist zugleich unser erster Entwurf eines Lebensplans, also für Veränderungen, die wir testen möchten.

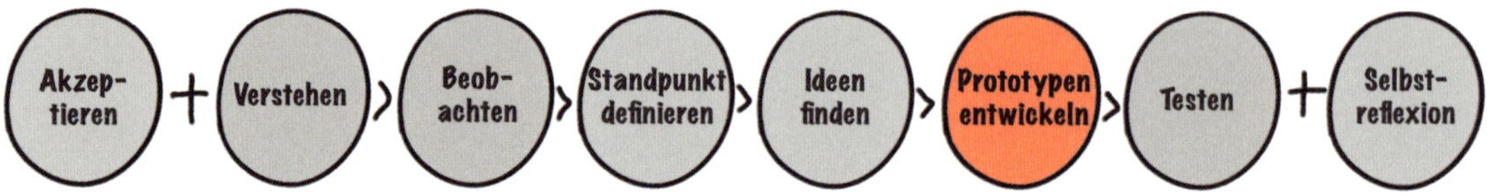

Wir nutzen das Raster für große wie auch für kleine Veränderungen. Bei großen Veränderungen ist meist jedoch die Zeitspanne, in der die einzelnen Etappen angegangen werden können, etwas größer.

Die «DESIGN YOUR LIFE»-Experten Bill Burnett und Dave Evans empfehlen, mehrere Lebenskonzepte und ihre Etappen zu beschreiben. Jeder Plan sollte einen Namen haben, wie wir auch im Design Thinking jedem unserer Prototypen einen Namen geben. Neben der bereits eingeführten Selbstreflexion über die Ideen sollen die zentralen Fragen formuliert werden, die der Lebensplan beantwortet. Sue hat auf der gegenüberliegenden Seite bereits begonnen, ihren Lebensplan zu visualisieren, und zugleich an Fragen gearbeitet, die dieser Lebensplan adressiert. Anschließend hat sie reflektiert, wie sie sich mit der Vorstellung fühlt, ob sie genügend Selbstvertrauen für die Umsetzung hat, ob dieser Plan stimmig mit ihren Vorstellungen ist und ob sie Zeit, Energie und Kraft hat, diese Veränderung anzugehen. Zudem hat Sue am Ende nochmals ihre Erkenntnisse kurz zusammengefasst.

Im Design Thinking geht es um das Gestalten, Experimentieren und Umsetzen von Ideen. Wenn wir dieses Dreiergespann trennen, wird das Endergebnis darunter leiden.

Sues Entwurf eines Lebensplans «Mehr Poesie im Alltag»

Fragen, die der Lebensplan adressiert:

- **Wie bekomme ich mehr Aufmerksamkeit?**
- **Mit welcher Fragetechnik kann ich überraschen?**
- **Wie kann ich Männer kennenlernen und dabei geheimnisvoll wirken?**

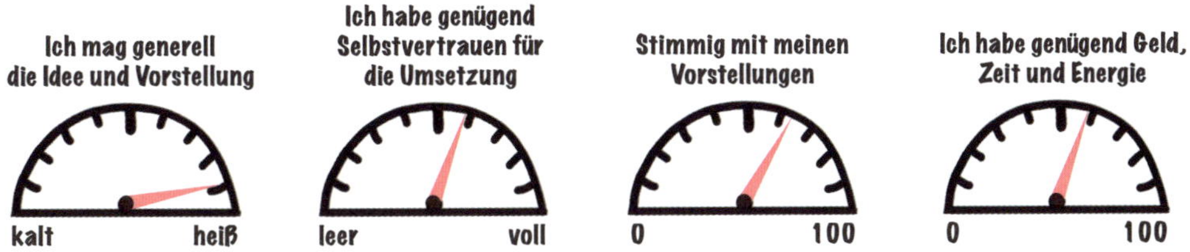

Erkenntnisse:

- **Ich kann mich mit der Idee sehr gut anfreunden.**
- **Ich kann viele Dinge miteinander verknüpfen.**

Auf den nächsten Seiten hast du Platz, deine Pläne und Etappen zu konkretisieren. Basierend auf den neuen Ideen verändert sich möglicherweise der Pfad zum Wunschbild, da du über die letzten Tage und Monate mehr über deine Bedürfnisse erfahren hast.

Design Your Future

Pläne und Etappen skizzieren

Lebensplan 1:

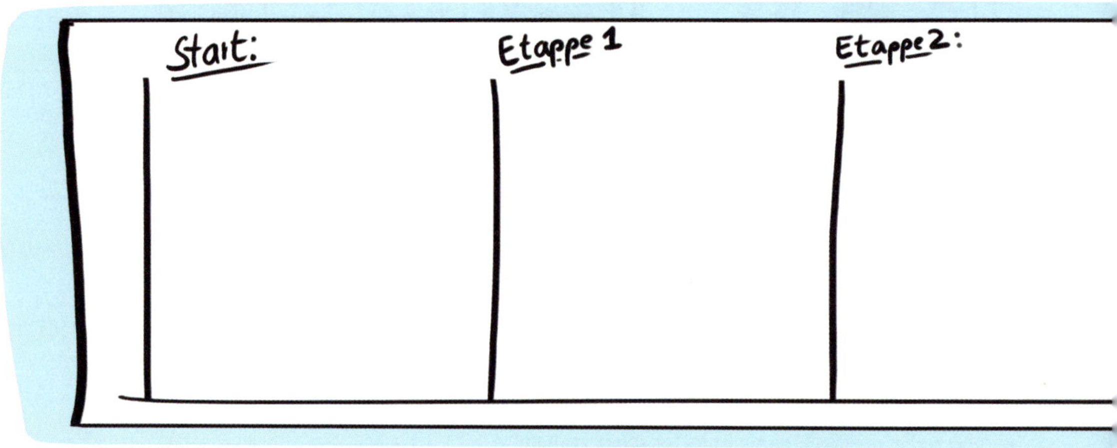

Fragen, die der Lebensplan adressiert:

Erkenntnisse:

Design Your Future

Etappe 3:

Wunschbild:

Ich mag generell die Idee und Vorstellung

Ich habe genügend Selbstvertrauen für die Umsetzung

Stimmig mit meinen Vorstellungen

Ich habe genügend Geld, Zeit und Energie

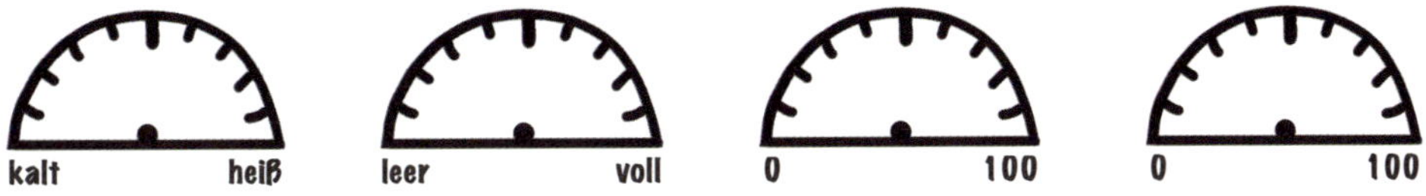

Design Your Future

Pläne und Etappen skizzieren

Lebensplan 2:

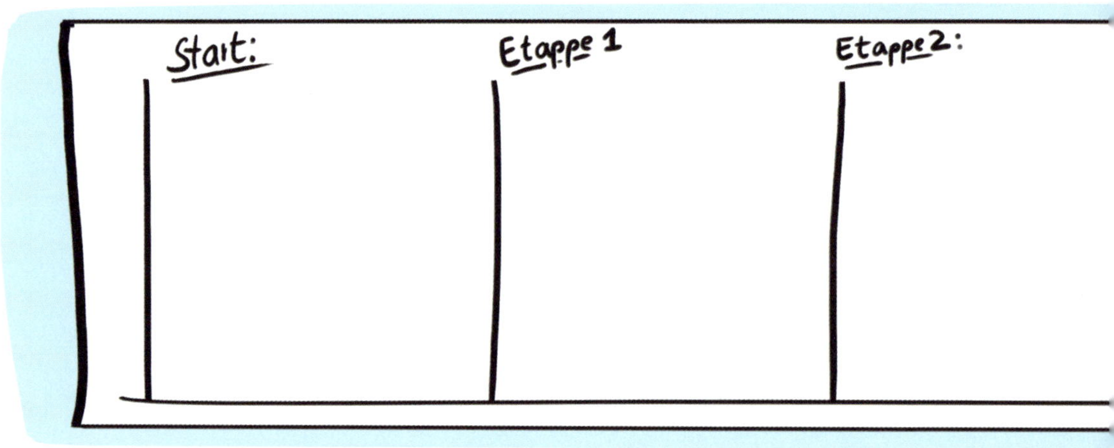

Fragen, die der Lebensplan adressiert:

Erkenntnisse:

Design Your Future

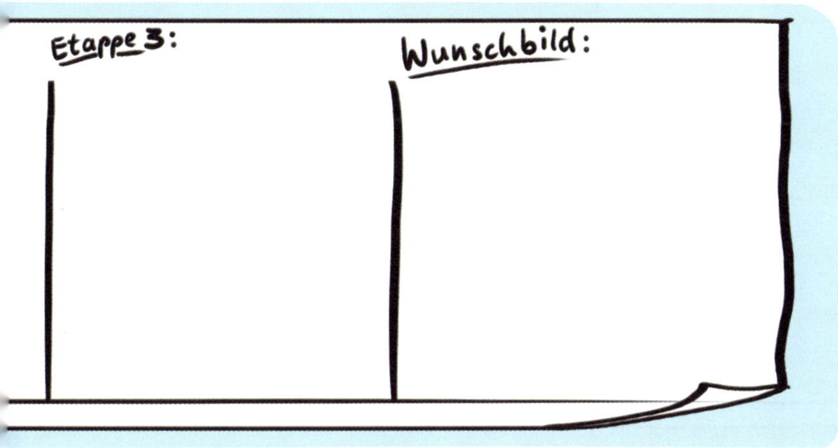

Ich mag generell die Idee und Vorstellung

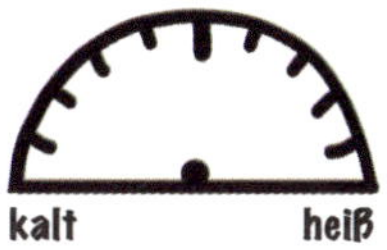

Ich habe genügend Selbstvertrauen für die Umsetzung

Stimmig mit meinen Vorstellungen

Ich habe genügend Geld, Zeit und Energie

Design Your Future

Pläne und Etappen skizzieren

Lebensplan 3: . . . .

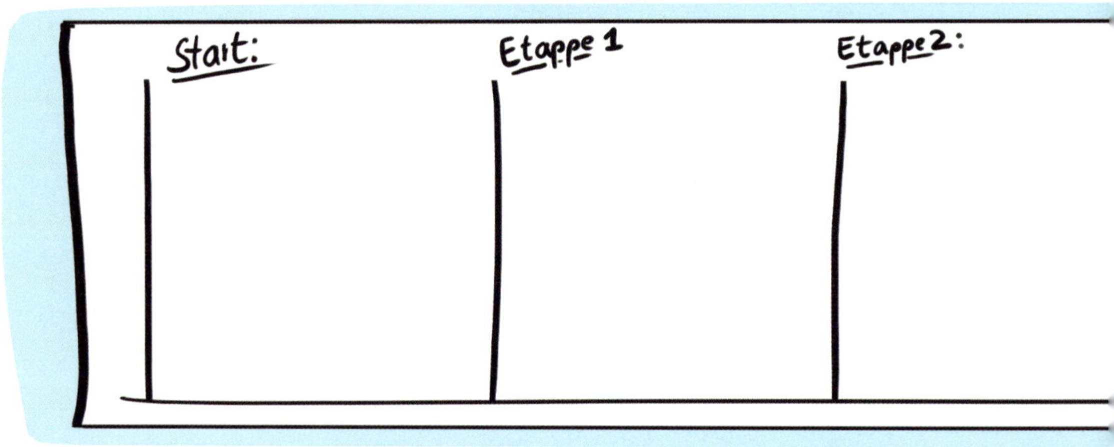

Fragen, die der Lebensplan adressiert:

. . . .

. . . .

. . . .

. . . .

. . . .

Erkenntnisse:

. . . .

. . . .

. . . .

. . . .

Design Your Future

Etappe 3:

Wunschbild:

Ich mag generell die Idee und Vorstellung

kalt heiß

Ich habe genügend Selbstvertrauen für die Umsetzung

leer voll

Stimmig mit meinen Vorstellungen

0 100

Ich habe genügend Geld, Zeit und Energie

0 100

Raum für Notizen

«DESIGN YOUR FUTURE» lebt nach dem Grundsatz:
Love it, accept it, reframe it or trigger change.
Und so verhält es sich auch mit unseren Lebenskonzepten.

Testen und mit dem Lebenskonzept experimentieren

Ein wichtiger Teil im Design-Prozess ist es, die Idee oder den Plan zu testen, um zu sehen, wie es sich anfühlt und wie wir die Idee verbessern können. Bei Nichtgefallen können wir zugrundeliegende Ideen verwerfen und eine neue Idee in Angriff nehmen.

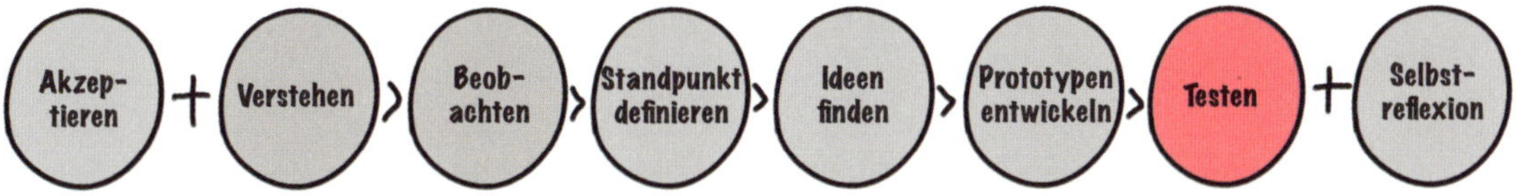

Ein Lebenskonzept zu testen ist einfacher gesagt als getan, jedoch gibt es verschiedene Möglichkeiten, einen Erkenntnisgewinn zu erhalten. Das Testen ist einer der wichtigsten Schritte im Design-Thinking-Zyklus, da es sich um keine Gedankenexperimente handelt, sondern um reale Erfahrungen.

Für das Testen braucht es vor allem Neugier und die Bereitschaft, etwas Neues auszuprobieren.

Zudem ist wichtig hervorzuheben, dass es beim Testen darum geht, mit möglichst geringem Aufwand herauszufinden, ob ein möglicher Lebensplan uns Freude bereitet und wir in Betracht ziehen, ihn zu verwirklichen.

Welche Möglichkeiten haben wir, um die Lebenskonzepte zu testen?

Wenn wir uns beruflich verändern möchten, können wir für einen Tag in einem bestimmten Bereich reinschnuppern. Wenn wir in einem anderen Land leben möchten, so erscheint ein erster Urlaub im Wunschauswanderungsland als gutes Experiment, um dieses Land kennenzulernen. Ebenso verhält es sich mit Veränderungswünschen in Bezug auf eine Beziehung oder Veränderungen in Bezug auf den Lebensstil.

Wichtig ist, dass wir einzelne Etappen oder das Wunschbild erleben und auf diese Weise neue Erkenntnisse erhalten. Oftmals haben wir Annahmen darüber, was ein gutes Leben ausmacht oder wie wir in einem bestimmten Beruf zufrieden sein können. Wir werden aber nur herausfinden, wie es sich wirklich anfühlt, wenn wir die Situation im realen Umfeld erleben. Wir agieren also in kleinen Prototypen von Etappen und Wunschbildern.

Keiner von uns scheitert gerne, aber ein frühes Scheitern – in Bezug auf das Ausprobieren von Lösungsansätzen – bringt wertvolle Impulse für eine Veränderung.

Unsere Prototypen in Form von Lebensplänen und Etappen können sehr verschieden getestet und validiert werden. Das Ziel ist, herauszufinden, was uns glücklich macht.

Seinen aktuellen Job zu reduzieren und eine Zeitlang ein anderes Lebenskonzept zu testen ist aufwendig, aber die beste Möglichkeit, eine echte Erfahrung zu sammeln. Aber auch ein «Reinschnuppern», im Rahmen eines einwöchigen Praktikums, bringt wichtige Erkenntnisse, ebenso wie Formen der teilnehmenden Beobachtung (sogenanntes Shadowing) von Lebenskonzepten, Berufen und Aktivitäten.

Eine einfache Form des Shadowings ist, über seine Ideen zu sprechen und sich mit anderen darüber auszutauschen. Hierzu zählen Interviews mit Experten, aber auch mit Menschen, die das tun, was wir uns wünschen, oder mit engen Bezugspersonen wie Freunden und Familienmitgliedern. Wir haben unzählige Menschen in unserem Netzwerk, mit denen wir unsere Ideen teilen und diskutieren können.

Wie Sue ihren «Prototypen» testet

Sue hat ihre Idee eines wiederkehrenden Social Media Post zum Thema «Poesie» mit ihren Freunden diskutiert. Die meisten haben positiv darauf reagiert und sie ermutigt, einen Post zu erstellen. Viele haben auch angeboten, den Post zu liken, um diesen viral zu verteilen und Aufmerksamkeit zu erzeugen.

Solange wir aus unseren Prototypen von Lebenskonzepten etwas lernen, macht es Sinn, damit weiter zu experimentieren.

Zudem gibt es verschiedene andere Möglichkeiten – wie Vorträge, Erfahrungsberichte oder Blogs –, um mehr zu erfahren zu spezifischen Themen, die man gerne bei sich verändern möchte. Darüber hinaus werden inzwischen in fast allen Städten und auch online Kurse zu «DESIGN YOUR FUTURE» angeboten, welche die Möglichkeit bieten, mit den anderen Teilnehmenden einen intensiven Austausch zu erleben, Feedback zu erhalten oder sich einfach nur inspirieren zu lassen.

Feedback Capture Grid

So oder so erhalten wir beim Testen unserer Ideen, Etappen und Lebenswünsche wertvolles Feedback. Für die Sammlung von Feedback eignet sich eine einfache Matrix mit vier Quadranten, in denen wir das Feedback festhalten. So haben wir eine gute Übersicht über das, was wir als super empfunden haben, was wir verwerfen werden, was keine Relevanz für unseren Lebenswunsch hat, und natürlich neue Dinge, die wir erlebt haben und weiterverfolgen möchten.

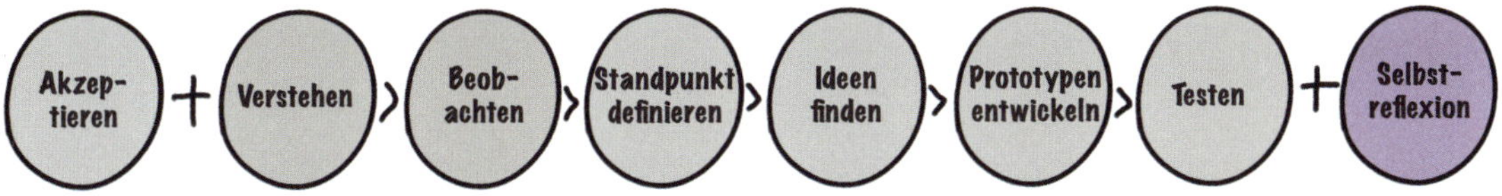

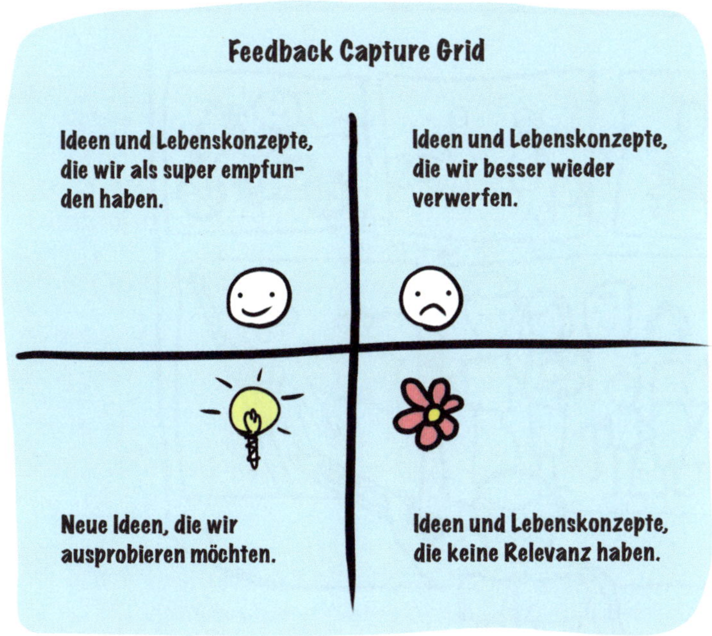

Da Design Thinking ein iterativer Prozess ist, ist es zu empfehlen, die vorhergehenden Phasen einige Male zu wiederholen und entsprechend zu reflektieren, um unsere Ideen, Etappen und Lebenskonzepte zu verbessern, anzupassen oder zu verwerfen.

Wenn wir am Ende einen realistischen Lebensplan entworfen haben, ist es wertvoll, diesen in einer fassbaren Geschichte zu beschreiben oder zu visualisieren. Eine skizzierte Geschichte hat den Vorteil, dass jede Etappe als Bild dargestellt werden kann und so die einzelnen Veränderungen, die wir uns vorstellen, zum Ausdruck kommen.

Beispiel

Helmuts «Lebensplan»: Skizze über sein selbstwirksames Handeln

Helmuts Selbstwirksamkeitserwartung steht zum Beispiel jetzt in einem neuen Verhältnis zu seinen eigenen Wünschen, Kompetenzen und den gewünschten Handlungen, die er selbst erfolgreich ausführen kann. Wir werden jedoch auch feststellen, dass sich diese Geschichte über die Zeit verändern wird, da viele Veränderungen auch vom sozialen System abhängig sind. Hier bestehen Wechselbeziehungen und Rückkopplungen, die unser Leben zu einem komplexen Unterfangen machen.

Feedback erfassen

Auf den folgenden Seiten hast du sechs leere Feedback Capture Grids zur Verfügung. Diese geben dir jeweils genügend Platz, um die wichtigen Erkenntnisse einzelner Erfahrungen zu dokumentieren.

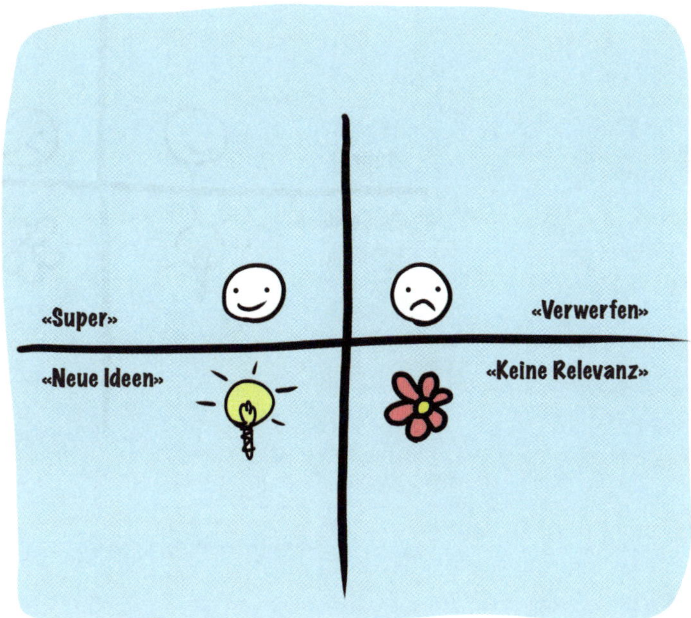

Feedback Capture Grids

Das Feedback aus den Experimenten mit den Etappen und Lebensplänen hilft dir dabei, den bestehenden Plan zu schärfen, neue Elemente mit aufzunehmen oder einen neuen Lebensplan bzw. einzelne Etappen zu formulieren und zu visualisieren. Diese Iteration (Testen – Feedback einholen – Verbessern) können wir beliebig oft durchführen, bis wir ein für uns individuell passendes Konzept gefunden haben.

Design Your Future

Zeichne deinen Lebensplan und dein selbstwirksames Handeln:

Warum DYF ein Team-Sport ist

Über den ganzen DYF-Zyklus hinweg ist es wichtig, unser Netzwerk, unsere Freunde und Familie mit einzubeziehen. Wir können sie in unseren DYF-Bemühungen unterschiedlich nutzen. An verschiedenen Stellen hast du diese Personen vielleicht schon mit einbezogen. Zum Beispiel wurden sie im Rahmen der Erkundung des Eigenbilds und Fremdbilds befragt oder du hast mit ihnen Etappen und Lebensentwürfe diskutiert, um wertvolles Feedback zu erhalten.

In einer Veränderung sind diese Menschen besonders wichtig. Sie können uns helfen, Kontakte herzustellen, wenn wir an einen Jobwechsel denken. Aber sie hören auch zu, wenn wir eine Erfahrung mit einem Experiment gemacht haben, und motivieren uns weiterzumachen, falls wir damit gescheitert sind oder die Erfahrung negativ gewesen ist.

Somit brauchen wir diese Unterstützer, Verbündeten und engsten Familienangehörigen, um eine Veränderung anzustoßen. Oft hat unsere eigene Veränderung auch einen positiven Einfluss auf die anderen, die sich dadurch inspiriert fühlen und ebenfalls den Mut finden, etwas zu verändern.

DYF ist ein Team-Sport

Welche Personen können dir im Prozess der Veränderung und in der konkreten Umsetzung helfen?

Im DYF geht es nicht nur um die Veränderung des Einzelnen – jede Etappe und Veränderung hat Auswirkungen auf viele Menschen in unserem Umfeld.

Wie setzen wir das neue Lebenskonzept um?

Bei der Umsetzung der Etappen macht es Sinn, jeweils zu reflektieren, ob sich die Gesamtsituation durch unsere Veränderung verbessert hat oder nicht. Falls nicht, müssen wir unsere Aktivitäten nochmals anpassen. Es gibt im Leben keinen optimalen Endzustand. Selbst wenn wir den perfekten Job, die beste Beziehung und das gesündeste Leben führen, wird es Situationen geben, die einer Veränderung bedürfen, oder externe Faktoren, die unser Mobile in Bewegung bringen. So ist der DYF-Zyklus ein stetiger Prozess, in dem wir ständig Experimente durchführen und so unser Leben justieren oder an manchen Stellen eine Neuausrichtung einschlagen.

«Wenn es funktioniert – mach mehr davon. Wenn das, was du tust, nicht funktioniert, dann mach etwas anderes.»

– Steve De Shazer

Dieses DYF-Buch hat uns eine große Auswahl an Strategien und Techniken an die Hand gegeben, um diesen iterativen Prozess weiterzuführen. Mit der richtigen Einstellung wird es uns gelingen, mit jeder Iteration etwas tiefer zu graben, mehr über uns selbst zu erfahren und schrittweise weitere Veränderungen anzustoßen, falls wir merken, dass wir neue Wege gehen wollen. Durch Reframing haben wir zudem gelernt, auch aus dem Scheitern etwas Positives mitzunehmen, weil es nur ein Experiment gewesen ist auf dem Weg zu einem zufriedenen Leben.

Am glücklichsten fühlen wir uns, wenn wir uns kontinuierlich weiterentwickeln und sich so unser Mobile der Lebensbereiche ständig ausbalancieren kann. Am besten nehmen wir uns regelmäßig Zeit und reflektieren, wo wir stehen und wie es läuft.

Am Anfang dieses DYF-Playbooks (Seite 35–37) hast du verschiedene Handlungsfelder bewertet, um deine Zufriedenheit in Bezug auf verschiedene Handlungsfelder einander gegenüberzustellen und mit dem Ausgangszustand zu vergleichen (siehe Seite 35). Wir empfehlen, dieses Raster nach dem Erreichen einer oder mehrerer Etappen nochmals auszufüllen und dann zu entscheiden, welche weiteren Veränderungen sinnvoll sind.

Selbstreflexion:
Wo stehst du aktuell im Leben?

Beziehung					
Freizeit					
Arbeit					
Gesundheit					

Manchmal zeigt sich der Weg erst, wenn wir anfangen, ihn zu gehen.

Was ist aus Sue und Helmut geworden?

Mit kleinen Schritten der Veränderung Großes anstoßen.

Sue und Helmut haben beide über die letzten Wochen und Monate etwas Entscheidendes gelernt, nämlich wie sie selbstwirksam etwas verändern können. Beide haben ihr System in Bewegung gebracht, Neues ausprobiert und dadurch die Veränderung selbst in die Hand genommen. Am spannendsten ist natürlich deine eigene Geschichte, denn mit jedem Schritt, den wir tun, schreiben wir unsere eigene Story. Auch unsere fiktiven Charaktere haben etwas in Bewegung gebracht. Wir möchten sehen, wo sie jetzt stehen.

Sue hatte zwei große Themen identifiziert, die sie verändern wollte. Zum einen den Wunsch, nach Europa zurückzukehren und so näher bei ihrer Familie zu sein. Zum anderen hat Sue den Wunsch verspürt, einen Partner zu finden. In Bezug auf ihren Wunsch, zurück nach Europa zu kommen, ist es zwar nicht die Schweiz geworden, dafür aber Paris. Und mit der «Stadt der Liebe» assoziiert Sue so oder so nur Positives.

Aus Sues Wunsch, einen Partner zu finden, hat sie die Idee verwirklicht, kurze Sprüche mit Bildchen auf den sozialen Medien zu posten. Inzwischen hat Sue 4320 Follower, die wöchentlich ihre Sprüche lesen, kommentieren und weiterleiten. Sie verbindet die Sprüche oft mit Fragen, sodass Reaktionen von den Lesern angestoßen werden. Sue hat auf diese Weise bereits mit mehreren Männern Kontakt aufgenommen und zwei sympathische Dates gehabt. Sie hat so viel Freude an dem Verfassen der Statements, dass sie sich überlegt, ein kleines Buch herauszubringen mit dem Titel «Die tägliche Poesie des Lebens».

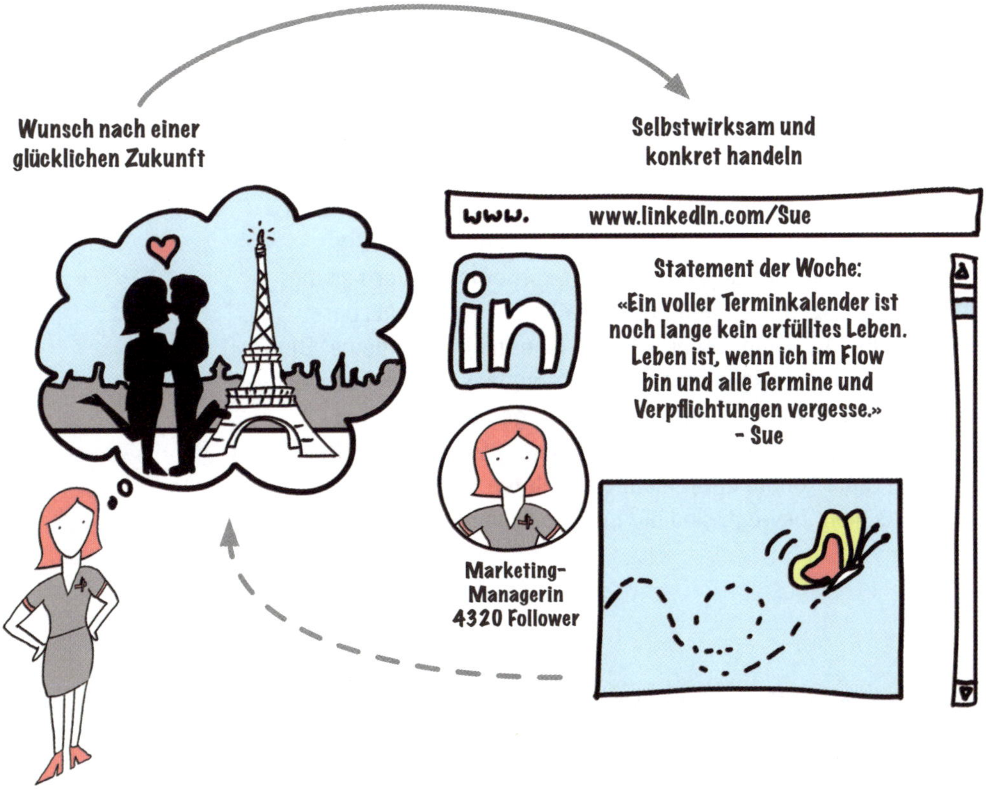

Für Helmut brach ein neuer Lebensabschnitt an. Mit 55 in Frührente gehen zu können, war ein riesiges Geschenk an Lebenszeit und -qualität. Jedoch holten ihn schnell ein paar Themen ein, die eigentlich schon lange anstanden, aber die er aus Zeitgründen nie anpackte. Während seiner Berufstätigkeit konnte Helmut immer Ausreden finden, um den Schwiegereltern aus dem Weg zu gehen. Jetzt muss sich Helmut dieser Challenge stellen. Auch er hat verschiedene Erkenntnisse mit den Techniken aus «DESIGN YOUR FUTURE» gesammelt und ihm ist bewusst geworden, dass er bei sich selbst beginnen muss, um das Verhältnis zu den Schwiegereltern und zu Regula zu verbessern.

Helmut hat mit kleinen Etappen begonnen und schrittweise verschiedene Dinge ausprobiert, bis sich sein neuer Alltag momentan gut angefühlt hat. Er hat zusammen mit Regula verschiedene Vereinbarungen getroffen und sich so mit ihr arrangiert. Zum Beispiel werden die Schwiegereltern nur alle zwei Wochen gemeinsam besucht und jedes zweite Mal nehmen die beiden für die Fahrt dorthin das Motorrad.

Zur Belebung der Beziehung mit Regula und für mehr gemeinsame Zeit als Paar wird Helmut in Zukunft Regula beim Sport begleiten. Regula fährt seit den 90er-Jahren regelmäßig Inlineskates. Helmut ist nicht in der körperlichen Verfassung, ebenfalls damit anzufangen, deshalb hat ihm Regula zum Ruhestand ein Fahrrad geschenkt. Aber nicht irgendeins! Das Bike hat das Design eines Choppers, sodass sich Helmut fast wie auf der Harley fühlt. Zudem hat er gemerkt, dass die Bewegung und das Fahrradfahren seiner Gesundheit sehr gut tun. Früher konnte er oft nicht einschlafen, aber seit Helmut sich etwas mehr bewegt, sind die Schlafprobleme wie weggeblasen.

Diese großen Veränderungen brauchen etwas mehr Mut für die Realisierung und die Entscheidungsfindung ist oftmals komplexer.

Im nächsten Teil des DYF Playbooks widmen wir uns den großen Veränderungen. Diese möchten wir hauptsächlich am Thema Berufs- und Karriereplanung festmachen, da es für viele von uns ein zentrales Thema ist, bei dem wir immer wieder anstehen. Bei großen Veränderungen stellen wir oftmals das gesamte System in Frage. Wir stellen uns zum Beispiel die Frage, ob wir das richtige Studium oder den richtigen Beruf gewählt haben. Oder wie im Fall von Stephan, ob er weiter studieren oder sich besser in einem Start-up einbringen soll. Ein solcher Entscheid hat weitreichende Konsequenzen auf unser Leben. Oft fällt es uns jedoch schwer, ein bestimmtes Betätigungsfeld (= Rahmen) zu verlassen.

Bislang haben wir hauptsächlich die Veränderung *im* System vorgenommen, wie zum Beispiel anhand eines Energie-Journals unsere Aktivitäten zeitlich verschoben. Bei den großen Veränderungen arbeiten wir oft *am* System, das heißt, wir fällen einschneidende Entscheidungen, die weitreichend sind und oftmals das System komplett neu ordnen.

Zum besseren Verständnis können wir uns die unterschiedlichen Veränderungstypen in zwei unterschiedlichen Loops vorstellen. Man spricht auch von «Single Loops» für die kleinen Veränderungen und «Double Loops» für die großen Veränderungen.

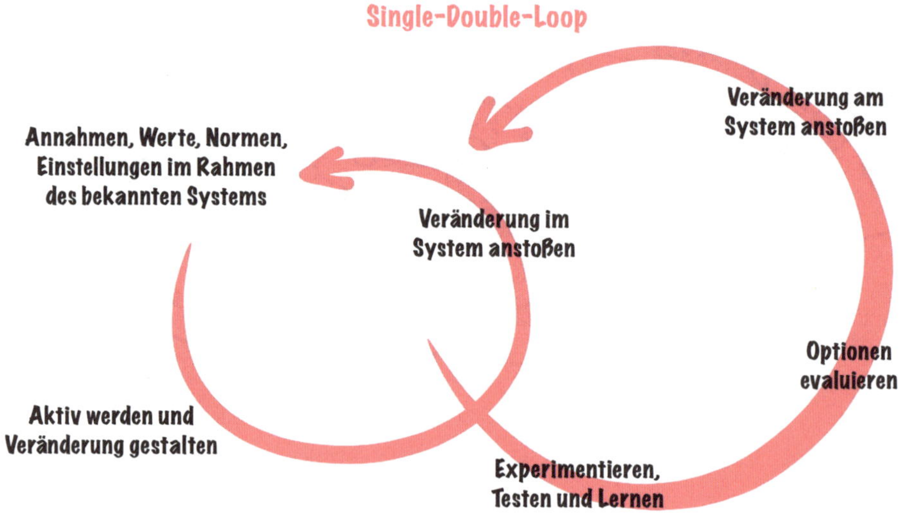

Woran erkennen wir, ob wir uns mit großen oder kleinen Veränderungen auseinandersetzen?

Wie wir uns alle vorstellen können, ist die Frage nicht ganz einfach zu beantworten. Aber nehmen wir zum Beispiel den Fall, dass ein Student in seinem BWL-Studium dauernd schlechte Noten schreibt. Dies kann daran liegen, dass er zu spät beginnt, sich auf die Prüfungen vorzubereiten, oder dass seine Prüfungsvorbereitungen ungenügend sind. In diesem Falle wäre es notwendig, seine Lernstrategie anzupassen. Beispielsweise könnte er mit einem entsprechenden Zeit- oder Projektmanagement effizienter lernen und damit bessere Resultate erzielen.

Es könnte aber auch sein, dass er nicht motiviert ist und sich bei einer genaueren Betrachtung herausstellt, dass ihm das Studium gar nicht gefällt. Er hat BWL vielleicht nur gewählt, um seine Eltern nicht zu enttäuschen, da diese von ihm erwarten, dass er später das elterliche Unternehmen übernehmen soll. In diesem Fall würden kleine Veränderungen keine Lösung bringen. Der Leidensdruck würde trotz Zeitmanagement bleiben oder sich sogar noch vergrößern.

So stehen wir oftmals vor komplexen Veränderungen und Fragen im Sinne eines Spannungsfelds zwischen dem, was wir wollen, und dem, was vernünftig wäre respektive von außen erwartet wird.

Eine gute Möglichkeit, diese Komplexität zu erkennen, besteht darin, Teilaspekte zu beleuchten und auszuwerten. Am Ende treten wir einen Schritt zurück und betrachten die Situation aus der Ferne.

Ähnlich wie ein Künstler, der ein Gemälde malt. Er konzentriert sich auf die Gestaltung von einzelnen Elementen, wie zum Beispiel in einem Porträt die Zeichnung der Augen. Von Zeit zu Zeit betrachtet er das Werk aber aus der Ferne, um es im Gesamtkontext zu sehen.

«Im Entwurf, da zeigt sich das Talent, in der Ausführung die Kunst.»

- Marie von Ebner-Eschenbach

Im nächsten Abschnitt werden wir ähnlich vorgehen. Wir werden herausfinden, wo unsere Denkpräferenzen liegen, welche Werte uns wichtig sind, welche Aufgaben uns liegen und schließlich, welche Handlungsoptionen wir haben. Wir bearbeiten den Double Loop mit dem Ziel, dass sich aus all den Puzzleteilen ein Bild ergibt, wodurch wir Hinweise für eine bestimmte Veränderung erhalten.

Selbst-Check

Durch die vorgestellten Strategien und Techniken in diesem DESIGN YOUR FUTURE Playbook haben wir vor allem gelernt, ein neues Mindset an den Tag zu legen, das uns befähigt, selbstwirksam Veränderungen anzustoßen. Am Ende von Teil 1 möchten wir dir noch einen kleinen Selbst-Check an die Hand geben, der schnell zeigt, wo du aktuell mental stehst: Was du bereits verinnerlicht hast und wo du dich zukünftig noch weiterentwickeln kannst. Wenn du viele Aussagen noch nicht positiv bejahen kannst, empfehlen wir dir, nochmals eine bis drei Iterationen vom «DESIGN YOUR FUTURE»-Prozess durchzuführen oder einzelne Aussagen zu reflektieren und zu ergründen, warum du hier noch anstehst.

Wo steht du?

Der DYF-Selbst-Check hilft dir im Sinne einer Standortbestimmung. Er zeigt auf, in welcher Tiefe du deine Einstellung weiterentwickelt hast und inwieweit du handlungsfähig bist, um weitere Veränderungen anzugehen.

Sieh jeden einzelnen Tag als Möglichkeit, an dir selbst zu wachsen.

Schwierigkeiten? Harte Zeiten? Probleme? Du sitzt nicht herum und bemitleidest dich selbst, sondern stößt aktiv eine Veränderung an.

ja | **teilweise** | **noch nicht**

Du hast eine klare Vorstellung von deinem Leben. Du denkst in Etappen, die du verändern möchtest, und erlangst dadurch Handlungsfähigkeit.

ja | **teilweise** | **noch nicht**

Einschneidende Ereignisse sind eine große Herausforderung. Du hast erkannt, dass du selbst deine Situation verbessern oder anders betrachten kannst.

ja | **teilweise** | **noch nicht**

Du verschwendest keine Energie auf die Dinge, die du nicht beeinflussen kannst. Dein Fokus liegt darauf, das zu tun, was dich glücklich macht.

ja | teilweise | noch nicht

Du hast deine eigenen Werte und Vorstellungen, für die du als Person stehst. Jedoch bist du auch bereit, dein Verhalten zu reflektieren und zu überlegen, wie du auf andere wirkst.

ja | teilweise | noch nicht

Du experimentierst mit neuen Ideen und versuchst auf diese Weise herauszufinden, was das passende Lebenskonzept für dich ist. Du stürzt dich nicht kopfüber in etwas Neues, sondern sondierst iterativ die Möglichkeiten, die dich zukünftig glücklicher machen sollen.

ja | teilweise | noch nicht

Du konzentrierst dich auf das Hier und Jetzt. Du nutzt die Technik des Reframings, um die unveränderbare Vergangenheit und Ängste über eine ungewisse Zukunft in einen anderen Kontext zu setzen.

ja | teilweise | noch nicht

Du übernimmst die Verantwortung für dein eigenes Handeln. Wenn du einen Fehler gemacht hast, dann lernst du daraus und machst es das nächste Mal anders.

ja | teilweise | noch nicht

Du vergleichst dich nicht mit anderen, sondern setzt deine Leistung in den Kontext deiner eigenen und bisherigen Erfolge. Du setzt dir überschaubare Ziele, die du erreichen kannst.

ja | teilweise | noch nicht

Wenn du bei einem Experiment von einem Lebensplan erkennst, dass er dir nicht gefällt, dann änderst du den Plan oder deine Haltung dazu. Wenn dies nicht möglich ist, stößt du eine Veränderung an. Ganz nach dem Motto: «Love it, accept it, reframe it or trigger change.»

ja | teilweise | noch nicht

Du nimmst dir bewusst Zeit für dich selbst. Zeit, in der du reflektierst, planst und die nächsten Schritte der Veränderung vorbereitest. Du hast genügend Selbstbewusstsein, um auch mal mit dir allein zu sein.

ja | teilweise | noch nicht

Du kennst deine Fähigkeiten und weißt, wie du diese erfolgsbringend einsetzen kannst. Du suchst aktiv Bereiche, in denen du das einbringst, was du am besten kannst.

ja | teilweise | noch nicht

Für das Erreichen von großen Zielen und Wünschen braucht es Ausdauer und Durchhaltevermögen. Du bringst die nötige Geduld auf, bis die Veränderung Früchte trägt, und freust dich über Teilerfolge.

ja | teilweise | noch nicht

Du achtest darauf, wofür du deine Energie aufwendest. Du vergeudest keine Zeit auf Umstände, die dir die Kraft rauben und die Lebensfreude nehmen.

ja	**teilweise**	**noch nicht**

Du hältst am Positiven fest und nimmst aus jeder Situation, der du begegnest (gut oder schlecht), etwas mit.

ja	**teilweise**	**noch nicht**

Du lässt dich nicht von einer unbequemen Situation beherrschen. Du hast Strategien entwickelt, diese zu erkennen und damit einen gesunden Umgang zu finden.

ja	**teilweise**	**noch nicht**

Du reflektierst regelmäßig den Fortschritt, den du gemacht hast. Du denkst über die guten Dinge nach, die du erreicht hast, und korrigierst deinen Kurs an den Stellen, an denen es notwendig ist, um deine Ziele zu erreichen.

ja	**teilweise**	**noch nicht**

Teil II

Berufs- und Karriereplanung

Im zweiten Teil dieses DYF Playbooks widmen wir uns hauptsächlich der Berufs- und Karriereplanung. Obwohl wir nur zwischen 50 000 und 150 000 Stunden unseres Lebens mit Arbeit verbringen, das sind gerade mal 10 bis 15 % unserer Lebenszeit, ist der Job ein zentrales Thema, bei dem wir immer wieder anstehen. Für Veränderungen, welche die bekannten Pfade verlassen, braucht es mehr Mut in der Realisierung, und die Entscheidungsfindung ist oftmals komplex. Eine gute Möglichkeit, diese Komplexität in den Griff zu bekommen, besteht darin, Teilaspekte zu beleuchten und zu gewichten. So werden wir in diesem Abschnitt unsere Fähigkeiten, Werte und Umgebungsfaktoren erkunden und Optionen für unsere Karriere gestalten und testen.

Die großen Veränderungen einleiten

Wir fragen uns an dieser Stelle, warum wir bislang den Fokus nur auf kleine Etappen der Veränderung gelegt haben und nicht die großen Dinge angegangen sind. Die Antwort ist ganz einfach: Aufgrund unserer Erfahrung braucht es für die großen Veränderungen viel Kraft und Energie. Wenn wir es schaffen, im Kleinen selbstwirksam zu sein, dann haben wir automatisch mehr Kraft für die großen Veränderungen. Zudem ist es oft so, dass die kleinen Veränderungen Großes anstoßen, um sich wieder das Bild des Mobiles vor Augen zu führen.

Zudem haben wir bislang kaum über Stephan gesprochen, der – wie wir erahnen können – vor großen Entscheidungen steht. Er fragt sich: «Studium oder Beruf?» Für andere ist es der Wunsch, auszuwandern oder eine neue berufliche Karriere anzugehen, die weit außerhalb der Komfortzone liegt. In der Regel treten solche Fragen alle fünf bis zehn Jahre auf, und oft bereiten uns solche Entscheidungen schlaflose Nächte.

Innere Widerstände überwinden und sich handlungsfähig fühlen ist ein wesentlicher Schlüssel für eine positive Veränderung.

Widerstände überwinden

Für die großen Veränderungen können wir auf die gleichen Strategien und Techniken zurückgreifen, die wir bereits für unsere kleinen Veränderungen genutzt haben. Es verändert sich lediglich das Ausmaß der jeweiligen Entscheidung, die Dimension von Etappen und natürlich der Planungshorizont. Wenn Sue einen Blogbeitrag schreibt, stößt sie etwas an. Wenn sie damit aufhören möchte, dann ist es relativ einfach, diesen Blog einzustellen. Wenn wir aber damit liebäugeln, in ein fernes Land auszuwandern, dann kann es sehr schwierig werden, wenn wir diese Entscheidung später revidieren möchten. Betrachten wir deshalb kurz das Beispiel «Auswandern» und schauen etwas in die Zukunft.

Stephans Bruder Alex ist in den letzten Zügen seiner Doktorarbeit. Inzwischen hat Alex auch eine drei Monate alte Tochter mit seiner Frau Maren. Auf einem Finanz- und Wirtschaftsforum trifft Alex einen ehemaligen Studienkollegen, der inzwischen in New York lebt und ihm erzählt, dass bei seiner Bank aktuell Analysten gesucht werden. NYC war schon immer ein Traum von Stephan, und auch Maren würde gerne ihren Geburtsort in Graubünden verlassen. Zusammen malen sie sich aus, wie das Leben in NY aussehen könnte. Auszuwandern ist jedoch eine große Entscheidung für die junge Familie. Das Vorhaben braucht viel Vorbereitung und einen großen zeitlichen Vorlauf, denn verschiedene Fragen kommen der jungen Familie bei der Planung in den Sinn. Alex und Maren nutzen das bereits vertraute Raster der Lebensplanung von Seite 146 ff., um eine längerfristige Planung zu machen. Ihre erste Etappe besteht darin, eine Arbeitsbewilligung zu erhalten und etwas Geld für die Reise anzusparen.

Wir fragen uns zuerst, was uns wirklich wichtig ist, bevor wir unser Leben darauf aufbauen.

Beispiel

Der Lebenstraum von Alex und Maren

Fragen, die der Lebensplan adressiert:

- Ist das Großstadtleben etwas für unsere kleine Tochter?
- Wie einfach ist es für Maren, in New York einen Job zu finden?
- Werden wir mit der anderen Kultur zurechtkommen?
- Können wir beide in den USA Karriere machen?
- Können wir uns die Miete in Manhattan überhaupt leisten?

Ich mag generell die Idee und Vorstellung

Ich habe genügend Selbstvertrauen für die Umsetzung

Stimmig mit meinen Vorstellungen

Ich habe genügend Geld, Zeit und Energie

Auf Veränderung zu hoffen, ohne selbst etwas dafür zu tun, ist wie am Bahnhof stehen und auf ein Schiff zu warten.

Maren und Alex brennen für ihre Idee und diese entspricht der Vorstellung von beiden. Maren sieht sich schon auf der 5th Avenue einkaufen und Alex kann sich den Blick vom Apartment auf den Central Park sehr gut vorstellen. Auf der anderen Seite haben sie etwas Angst. Bislang haben beide in der Schweiz gelebt und bis auf ein Auslandsemester von Maren in Schweden nicht viel Erfahrung mit anderen Kulturen und Lebensweisen gesammelt. Zum anderen fehlt es an Geld. Alex hat lange studiert und in den letzten Jahren konnte er nur wenig sparen. Nachdem sie die Option NY bewertet haben, wird ihnen bewusst, wie weitreichend diese Veränderung für sie und ihre kleine Tochter ist. Maren und Alex überlegen sich auch, ob sie ihre Option verändern können, sodass diese weniger Angst bei ihnen auslöst. Für was sich Maren und Alex entscheiden, erfahrt ihr auf Seite 240.

Das Leben eröffnet uns manchmal unerwartet Möglichkeiten. Jedoch sollten wir immer die Gesamtsituation im Blick behalten, um herauszufinden, was unsere wahren Bedürfnisse sind und welche Auswirkungen diese auf unser Mobile haben.

Fokus: Berufs- und Karriereplanung

Nach dem Ausflug in die Welt von Alex und Maren werden wir uns jetzt auf die Berufs- und Karriereplanung konzentrieren und einen entsprechend langen Horizont betrachten.

Karriere- und Berufsplanung sind wie ein Puzzle. Wenn wir alle Teile kennen, dann müssen wir diese nur zusammensetzen, damit daraus ein Zielbild entsteht.

Für unsere Berufs- und Karriereplanung sind aber noch andere Elemente von Bedeutung. So werden wir zum Beispiel herausfinden, wo unsere Denkpräferenzen liegen, welche Werte uns wichtig sind, welche Aufgaben uns liegen und schließlich welche Handlungsoptionen wir haben. Aus all den Puzzleteilen ergibt sich ein Bild, das uns Hinweise für eine bestimmte Richtung geben kann.

Warum Selbstwirksamkeit eine hohe Bedeutung für unsere Karriere und das Berufsleben hat

Selbstwirksam zu handeln spielt eine entscheidende Rolle, wenn es darum geht, unsere Ziele anzugehen, Aufgaben zu erledigen und Herausforderungen zu meistern. Menschen, die daran zweifeln, selbst etwas an ihrer Situation verändern zu können, stehen eher unter Stress und neigen deshalb schneller zu Niedergeschlagenheit. Sie können sich schlechter motivieren und weniger gut mit negativen Emotionen umgehen.

Wenn wir das Licht der Welt erblicken, sind die ersten Jahre unseres Lebens wie vorbestimmt. Der Weg wird von unseren Eltern und ihren Erwartungen, der Gesellschaft und den Umständen, in denen wir aufwachsen, geprägt. Ebenfalls ist unsere Schulzeit in ein starres System eingebettet, in dem wir bestmöglich funktionieren müssen. Die erste große Entscheidung steht mit der Wahl eines Ausbildungsberufes oder eines Studiengangs an, wobei sich die einzelnen Berufsschulen, Hochschulen und Universitäten nicht stark in der Art, wie unterrichtet wird, unterscheiden.

Jedoch haben wir in dieser Lebensphase erstmals die Möglichkeit, einen Pfad auszuwählen, der unseren Interessen entspricht. Hier entstehen aber meist auch die ersten gemischten Gefühle, und wir fragen uns, ob wir wirklich dies oder jenes studieren wollen. Diese Entscheidung wird den Rest unseres Leben prägen.

Die «Quarter-life-Crisis» zeichnet sich dann spätestens mit Ende des Studiums oder nach der Ausbildung ab. Auf einmal sind wir nicht mehr im geschützten System einer Bildungseinrichtung, sondern werden von der Welt aufgefordert, etwas aus unserem Leben zu machen. Von diesem Moment an sind wir selbst dafür verantwortlich. Wir stellen uns zunehmend in wiederkehrenden Abständen Fragen wie:

Wer bin ich?
Was sind die wichtigen Dinge im Leben?
Was erfüllt mich?

In jeder Lebensphase träumen wir von einer bestimmten Zukunft, zu der unzählige individuelle Sehnsüchte und damit verbundene Ängste kommen. Diese stehen oft in einem Konflikt zueinander, wie zum Beispiel der Wunsch nach einer schicken Wohnung in der Stadt einerseits und mehr Freizeit andererseits.

Durch die Werkzeuge im DYF-Buch haben wir bereits ein besseres Bewusstsein bekommen, welche Sehnsüchte am stärksten sind und den größten Einfluss auf unsere Entscheidungsprozesse haben. Um die wichtigen Dinge im Leben zu visualisieren, können wir an dieser Stelle nochmals unsere Wünsche und Sehnsüchte in eine Hierarchie bringen.

Trag deine Sehnsüchte,
die dir besonders wichtig sind,
in die Pyramide ein.

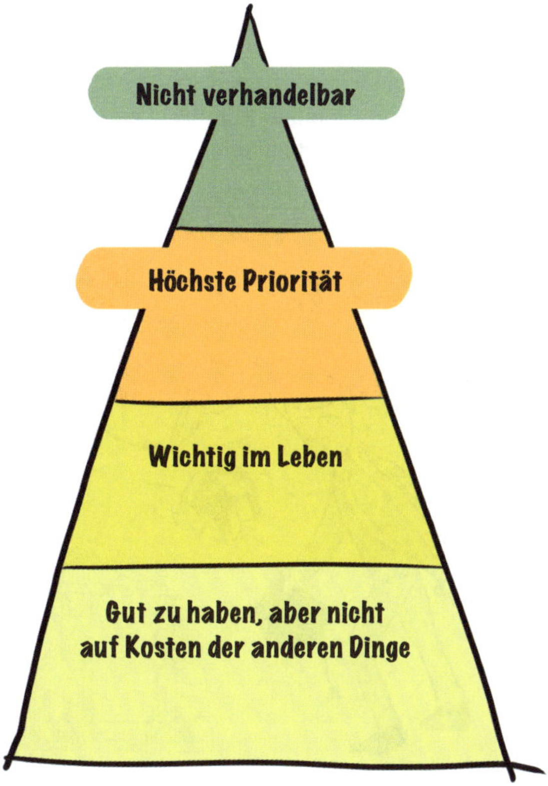

Wer ist Stephan?

Besonders wenn es um unsere Karriere geht, gibt es unzählige Möglichkeiten und wir müssen Entscheidungen treffen, unabhängig davon, ob wir vor dem nächsten Karriereschritt, vor einem Wechsel der Branche oder – wie Stephan – am Anfang unserer Laufbahn stehen. Wir müssen uns entscheiden und Gewissheit darüber bekommen, ob unser Schritt der für uns passende ist. Für Stephan geht es darum, zu entscheiden, ob er weiter studieren oder in das Berufsleben eintreten soll.

Stephan, 23 Jahre
- **Weltoffen, aber orientierungslos**
- **Bachelor-Absolvent**
- **Erste feste Freundin**

Gains:
- **Viele Möglichkeiten für die Zukunft**

Pains:
- **Kennt seine Fähigkeiten nicht und weiß (noch) nicht, was er vom Leben erwarten soll**

Job-to-be-done:
- **Eine Entscheidung für die berufliche Zukunft treffen**

Stephan steht noch am Anfang seiner beruflichen Karriere. Er hat gerade seinen Bachelor in Wirtschaftsinformatik abgeschlossen und ist unentschlossen, was er machen soll. Im Studium hatte er an den Wirtschaftsthemen mehr Interesse als an den Übungen, die notwendig waren, um eine Programmiersprache zu lernen. Besonders viel Freude hatte er an einem einwöchigen Bootcamp an seiner Uni, in dem unter der Anwendung von «Business Ecosystem Design» eine echte Problemstellung bearbeitet werden konnte. Neben der Technologie ging es darum, komplexe Geschäftsmodelle zu verstehen und einen Nutzen zu formulieren, der den Bedürfnissen des Kunden entspricht.

Generell arbeitet Stephan sehr gerne mit anderen Menschen zusammen. Er ist neugierig und hat Spaß daran, mit Ideen zu experimentieren. Die meisten seiner Studienkollegen sind eher introvertiert und möchten später im Rahmen des Masters ihre IT-Fähigkeiten vertiefen. Stephan empfindet aktuell seinen eingeschlagenen Weg eher als Ballast. Er hinterfragt zunehmend, ob er nicht besser gleich BWL oder interkulturelle Kommunikation hätte studieren sollen, was seinem Naturell wohl besser entsprochen hätte.

Zudem hat sich für ihn jetzt noch die Möglichkeit ergeben, an einem Start-up mitzuwirken. Das Gründungsteam sucht aber hauptsächlich Software-Entwickler, um die angedachte Lösung zu realisieren. Wenn Stephan ehrlich darüber nachdenkt, möchte er eigentlich nicht jeden Tag programmieren.

Unsere Berufung ist oftmals dort, wo sich unser Talent mit den Bedürfnissen der Welt kreuzt.

Da sich Stephan in den nächsten vier Wochen entscheiden muss und immer noch eher orientierungslos ist, schlägt sich dieser Schwebezustand auf sein Gemüt nieder. Immer öfter liegt er nachts wach, grübelt über seine Situation und macht sich Gedanken über seine Zukunft. Zudem kriselt es in der Beziehung mit seiner Freundin. Sie versteht Stephans Unzufriedenheit nicht. An Stephans Uni wurde im ersten Semester ein «DESIGN YOUR FUTURE»-Kurs angeboten. Nur waren leider die begrenzten Plätze schnell vergeben. Stephan möchte jetzt mit den Techniken aus dem DYF-Buch seine Situation verändern und wieder handlungsfähiger werden.

Unser Vorgehensmodell

Der Weg zu verschiedenen Berufs- und Karrierepfaden startet damit, mehr über uns selbst zu erfahren, indem wir herausfinden, was uns wichtig ist im Leben. Wir werden am Anfang Hypothesen über bestimmte Jobs formulieren, selbstwirksam handeln und Sachen anstoßen, um schließlich herauszufinden, wo wir unsere berufliche Zukunft sehen.

«DYF – Career Exploration Framework»

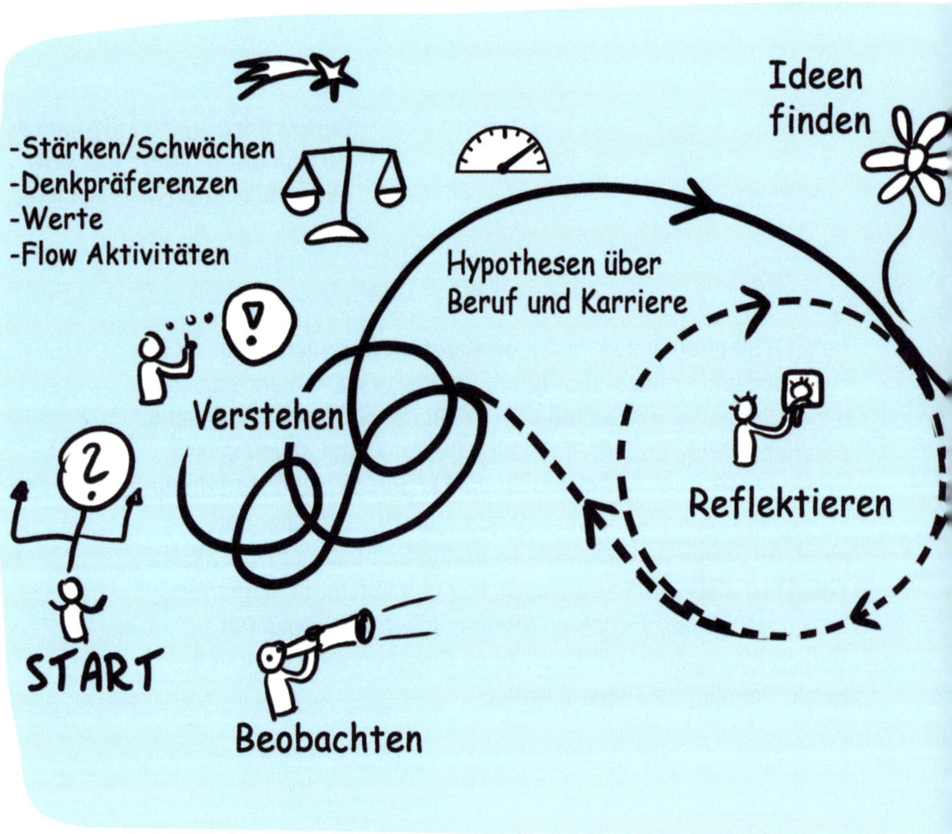

Erkennen

Es macht dabei durchaus Sinn, verschiedene Pfade parallel zu testen und zu vergleichen. Oftmals kommen uns auch ganz neue Ideen, während wir eine Tätigkeit testen oder unsere Situation mit anderen reflektieren. Wichtig ist wiederum, iterativ vorzugehen und potenzielle Karrierepfade, die wir mögen, beizubehalten und Experimente, die nicht unseren Vorstellungen entsprechen, zu verändern oder zu verwerfen.

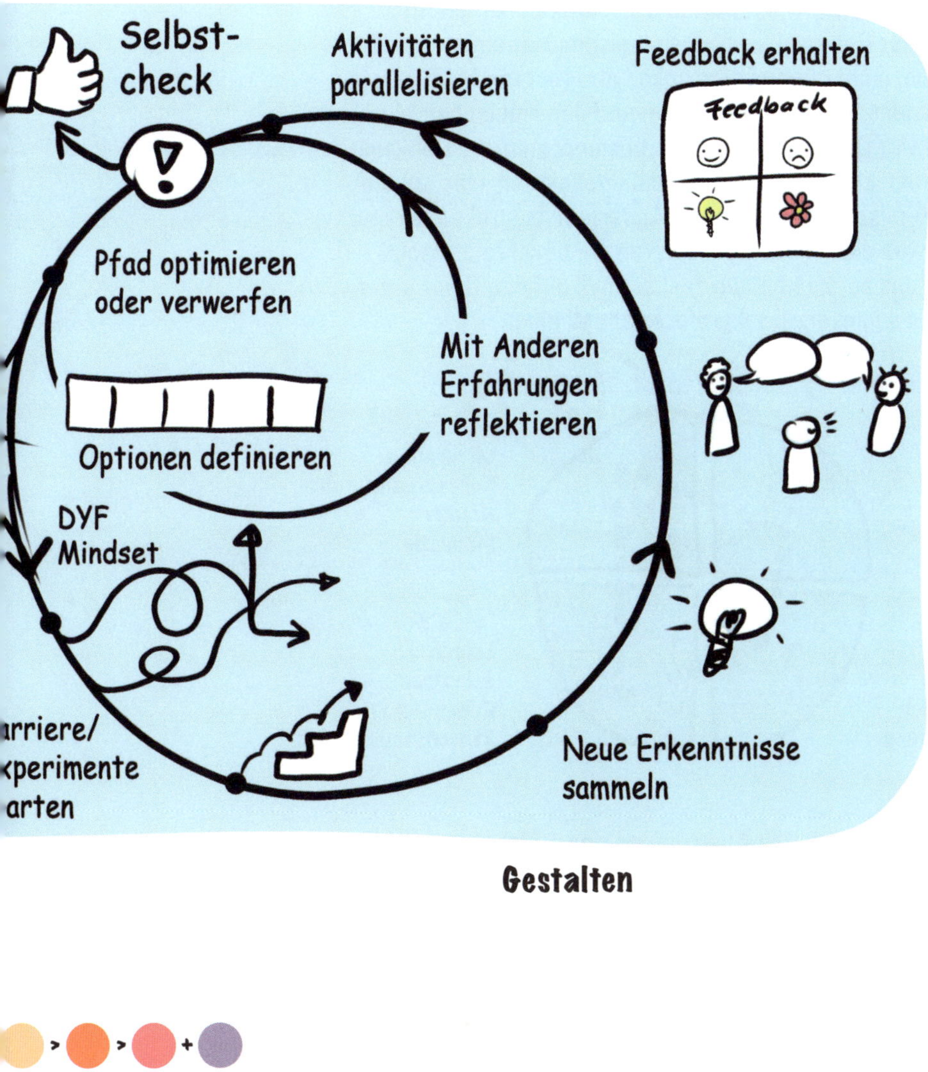

Gestalten

Kennen wir unsere Fähigkeiten, Werte und motivierenden Umgebungsfaktoren?

Wenn es um unsere Karriere geht, ist es unter anderem wichtig, mehr über unsere Fähigkeiten in Erfahrung zu bringen. In solchen Situationen können uns Methoden wie das HBDI-Profil helfen, herauszufinden, wo unsere Denkpräferenzen liegen.

Das HBDI-Modell (**H**errmann **B**rain **D**ominance **I**nstrument) unterteilt unser Gehirn in vier physiologische Hirnstrukturen. Es besteht dabei nicht nur aus dem linken und rechten Modus, sondern bezieht auch den zerebralen und den limbischen Modus mit ein. Die vier Quadranten erlauben es uns, mehrere Denkstile zu unterscheiden. Einerseits kognitiv und intellektuell, was auf die zerebrale Hemisphäre zurückgeht. Andererseits strukturiert und emotional, was die limbischen Präferenzen beschreibt. Meist können wir uns auch ohne den Test schnell auf den Quadranten verorten und so unsere Denkpräferenz bestimmen.

«Thinkers»
Analytisch
Technisch
Problemlöser
Finanziell

«Innovators»
Integration
Konzeptualisierung
Kreativ
Innovativ

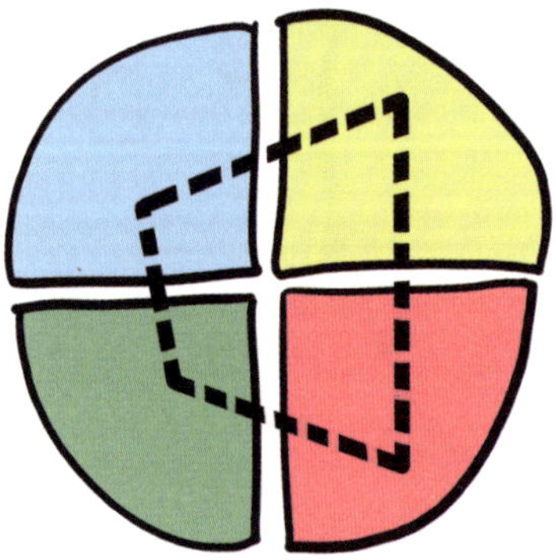

«Organizers»
Organisation
Planung
Administration
Implementierung

«Humanitarians»
Lehren
Schreiben
Kommunikation
Zwischenmenschlich

Ein gutes Hilfsmittel für die Bestimmung der Präferenzen ist die folgende Checkliste. Die Anzahl der ausgewählten Eigenschaften gibt einen Indikator für unsere Präferenzen.

Stephans Auswahl an Eigenschaften

Beispiel

- [x] sammle Fakten
- [ ] analysiere Situationen rational
- [ ] löse Probleme auf logische Weise
- [ ] argumentiere rational
- [ ] berufe mich auf Zahlen und Werte
- [x] verstehe technische Zusammenhänge
- [ ] berücksichtige finanzielle Aspekte

- [x] sehe die großen Zusammenhänge
- [ ] toleriere Unsicherheit und Unwägbares
- [x] erkenne Chancen und Möglichkeiten
- [x] löse Probleme eher intuitiv
- [x] integriere Lösungen und Konzepte
- [x] stelle Bekanntes und Etabliertes in Frage
- [ ] setze Phantasie ein und habe Visionen

- [ ] gehe Probleme pragmatisch an
- [x] entdecke versteckte Probleme
- [x] bin bei der Sache und beharrlich
- [ ] führe mit Kontrolle und im Detail
- [ ] entwickle detaillierte Pläne
- [ ] achte auf Termine und Zeitpläne
- [ ] lese das Kleingedruckte

- [x] erkenne zwischenmenschliche Probleme
- [x] spüre Reaktionen anderer Menschen
- [x] respektiere ethische Werte
- [ ] begegne anderen Menschen mit Wärme
- [ ] bin mitreißend und überrede andere
- [x] reagiere auf Körpersprache
- [x] verlasse mich auf das Bauchgefühl

Stephans Denkpräferenz befindet sich eher im gelben und roten Bereich des Modells. Wenn ihm dies vor seinem Studium bewusst gewesen wäre, so hätte er vielleicht ein anderes Studienfach gewählt, das seinen Neigungen besser entsprochen hätte.

Stephans Denkpräferenz visualisiert

Beispiel

Wo liegt deine Denkpräferenz? Die Anzahl der angekreuzten Kästchen gibt dir einen Hinweis.

- ☐ sammle Fakten
- ☐ analysiere Situationen rational
- ☐ löse Probleme auf logische Weise
- ☐ argumentiere rational
- ☐ berufe mich auf Zahlen und Werte
- ☐ verstehe technische Zusammenhänge
- ☐ berücksichtige finanzielle Aspekte

- ☐ sehe die großen Zusammenhänge
- ☐ toleriere Unsicherheit und Unwägbares
- ☐ erkenne Chancen und Möglichkeiten
- ☐ löse Probleme eher intuitiv
- ☐ integriere Lösungen und Konzepte
- ☐ stelle Bekanntes und Etabliertes in Frage
- ☐ setze Phantasie ein und habe Visionen

- ☐ gehe Probleme pragmatisch an
- ☐ entdecke versteckte Probleme
- ☐ bin bei der Sache und beharrlich
- ☐ führe mit Kontrolle und im Detail
- ☐ entwickle detaillierte Pläne
- ☐ achte auf Termine und Zeitpläne
- ☐ lese das Kleingedruckte

- ☐ erkenne zwischenmenschliche Probleme
- ☐ spüre Reaktionen anderer Menschen
- ☐ respektiere ethische Werte
- ☐ begegne anderen Menschen mit Wärme
- ☐ bin mitreißend und überrede andere
- ☐ reagiere auf Körpersprache
- ☐ verlasse mich auf das Bauchgefühl

Wie sieht dein Profil visualisiert aus? Nutz die Anzahl der Zustimmungen der obigen Zuordnung und zeichne dein HBDI-Profil.

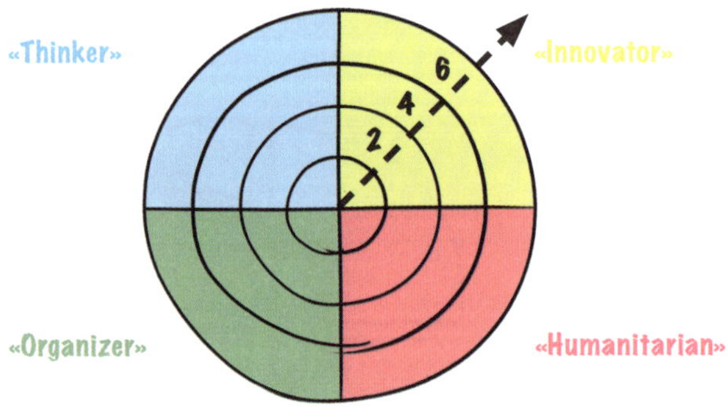

Stärke = Talent x (Wissen + Können)

Reflektiere die starken Ausprägungen und frag dich, wie du diese gewinnbringend einsetzen kannst.

Design Your Future

Eine starke Ausprägung in einem Denkstil
(zum Beispiel als «Innovator und Humanitarian» oder als «Thinker»)

führt zu

- bevorzugten Denkstilen und Talenten

beeinflusst

- was dich interessiert
- was du am schnellsten lernst
- was dich begeistert
- wie du kommunizierst

führt zu

- wie du es tust, was du tust
- worin du erfolgreich bist
- wie du mit anderen zusammenarbeitest

heißt für dich persönlich?

Welche Werte sind uns wichtig?

Für die passende Berufs- und Branchenwahl können auch andere Faktoren eine wichtige Rolle spielen, wie zum Beispiel Werte. Eine einfache Übung aus dem Coaching ist, verschiedene Attribute zu reflektieren, die Werte und Vorstellungen beschreiben und für uns besonders wichtig sind im Leben.

Wir können entweder unsere eigene Sammlung an Werten erstellen oder es uns etwas einfacher machen und die folgende Liste für eine Wertepyramide nutzen. Wir wählen unsere 10 wichtigsten Werte (aus über 60 Stichwörtern) aus und priorisieren diese, indem wir sie hierarchisch in die Pyramide eintragen. Bei dieser Reflexion wollen wir bewusst eine Reihenfolge entstehen lassen.

Anerkennung	Arbeit	Ästhetik	Aussehen
Autonomie	Bekanntheit	Beruf	Besser sein
Bewegung	Beziehung	Dazugehören	Ehre
Ehrlichkeit	Eigentum	Eigenverantwortung	Einfluss
Entspannung	Entwicklung	Erfolg	Ernährung
Freiheit	Fairness	Familie	Figur
Führung	Freude	Freundschaft	Frieden
Gefühle	Fürsorglichkeit	Ganzheitlichkeit	Geborgenheit
Glaube	Gleichberechtigung	Gerechtigkeit	Gesundheit
Idealismus	Humor	Harmonie	Intuition
Kreativität	Sinnlichkeit	Kinder	Aktivität
Liebe	Kunst	Lebensstandard	Leistung
Meditation	Loyalität	Lust	Macht
Mut	Mitgefühl	Neugier	Musik
Ordnung	Nachdenken	Politik	Offenheit
Reisen	Partnerschaft	Ruhe	Reichtum
Selbstverwirklichung	Romantik	Sicherheit	Selbstgenügsamkeit
Solidarität	Selbstwert	Sparen	Sinnsuche
Spontaneität	Spannung	Status	Spiritualität
Umwelt	Sport	Vertrauen	Träume
Wissen	Unabhängigkeit	Wohlstand	Wahrheit

Trag in die Pyramide die Werte ein, die für dich besonders wichtig sind. Starte mit dem wichtigsten Wert.

am wichtigsten

Wie fühlst du dich mit deiner Pyramide?
Ist zum Beispiel Reichtum wirklich unser wichtigster Wert oder ist uns Partnerschaft und Freundschaft wichtiger?
In der zweiten Pyramide gibt es nochmals die Möglichkeit, deine Werte neu zu sortieren.

am wichtigsten

Welche Art von Aufgaben liegen uns? Welche Umgebungsfaktoren sind uns wichtig?

Die zweite Reflexion erkundet, welche Art von Arbeit und Aufgaben uns am meisten liegen. Auch für diese Selbstreflexion können wir eine eigene Sammlung an Aufgaben und Umgebungsfaktoren erstellen oder 10 Begriffe aus der bereitgestellten Liste von über 30 Stichwörtern nehmen. Diese Faktoren können wir wiederum in einer Pyramide sortieren, um über ihre Wichtigkeit nachzudenken.

- **Sichtbare Resultate**
- **Entscheidungsfreiheit**
- **Herausforderungen**
- **Große Projekte**
- **Selbständiges Handeln**
- **Wenig Kontrolle durch das Umfeld**
- **Wenig Detailarbeit**
- **Klare Ziele**
- **Klar formulierte Erwartungen**
- **Klare Spielregeln**
- **Erklärung von Änderungen**
- **Anerkennung der Leistung**
- **klare Stellenbeschreibung**
- **Gelegenheit, Fragen zu stellen**
- **Aufgaben, die Präzision erfordern**
- **Ungestörtes Arbeitsumfeld**

- **Abwechslung**
- **Zeit, das Leben zu genießen**
- **Freiraum ohne Probleme**
- **Flexible Bedingungen**
- **Möglichkeit zu kommunizieren**
- **öffentliche Anerkennung**
- **Zusammenarbeit mit Menschen**
- **Freundliche, offene Atmosphäre**
- **Sicherheit und Stabilität**
- **Zeit, sich auf Änderungen einzustellen**
- **Arbeit in kleinen Teams**
- **Anerkennung der eigenen Person**
- **Klar formulierte Erwartungen**
- **Harmonisches Umfeld**
- **Strukturiertes Arbeiten**

Umgebungsfaktoren priorisieren

Erstell deine Pyramide mit den wichtigsten motivierenden Umgebungsfaktoren.

am wichtigsten

Wie fühlst du dich mit deiner Pyramide?
Sind dir zum Beispiel klare Ziele wirklich so wichtig oder ist dir eine freundliche Atmosphäre wichtiger?
In der zweiten Pyramide gibt es nochmals die Möglichkeit, die Umgebungsfaktoren neu zu sortieren.

am wichtigsten

Hypothesen überwinden

Neben unseren Werten und den Umgebungsfaktoren spielen oft Hypothesen eine zentrale Rolle in der Veränderungsdynamik. Hypothesen beeinflussen, in welchem mentalen Modell wir leben, das heißt, wie wir uns verhalten, welchen Routinen wir folgen oder welche Beziehungen wir eingehen.

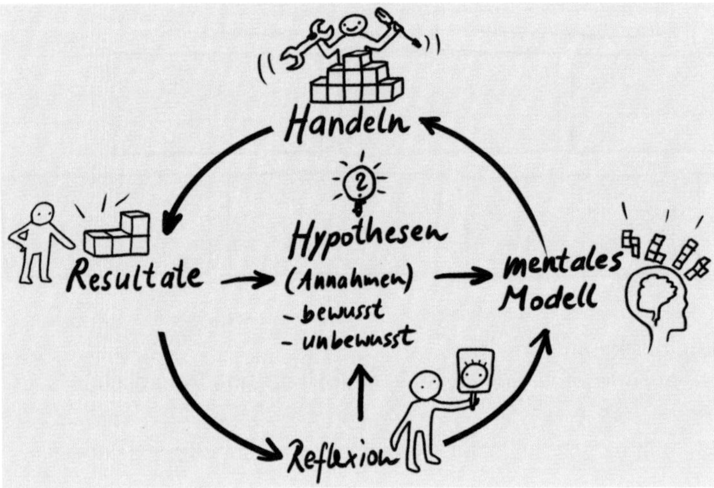

Wenn wir einen Job in einer neuen Firma annehmen, weil uns die alte Stelle nicht gefallen hat, haben wir ganz bestimmte Hypothesen, wie unsere zukünftigen Aufgaben sein werden, wie die Zusammenarbeit mit den neuen Kollegen und Kolleginnen wird oder welche Unternehmenskultur wir antreffen werden. Und natürlich gehen wir in der Regel davon aus, dass wir eine bessere Situation antreffen als die, die wir bis anhin erlebten. Ob diese Hypothesen zutreffen oder nicht, wird sich aber erst in der Zukunft zeigen, wenn wir die Stelle tatsächlich angetreten haben. Das Gleiche gilt auch für die Wahl eines Studiums oder – wie in Stephans Beispiel – in der Findung des nächsten Schritts nach dem Bachelorabschluss. Wie wir uns vorstellen können, treffen die Hypothesen manchmal zu, aber ebenso kommt es vor, dass die Hypothesen widerlegt werden.

Die Herausforderung ist, dass wir uns dieser Hypothesen meistens nicht bewusst sind und sie daher nicht in unsere Überlegungen einbeziehen. Sie haben sich in uns festgesetzt, weil sie in der Vergangenheit funktioniert haben. Mit anderen Worten, wir haben eine positive Erfahrung gemacht, die uns dazu verführt hat, nicht über unsere Annahmen nachzudenken. Oft beschränken wir uns auf einige wenige Annahmen und lassen viele andere außer Acht, die ebenso wichtig und manchmal noch wichtiger gewesen wären. Dies sind unsere sogenannten blinden Flecke.

Wir Menschen halten in der Regel sehr lange an unseren (bewussten oder unbewussten) Hypothesen fest. Es ist wichtig, uns bewusst zu machen, dass diese eben nur Annahmen sind. Aus eigener Erfahrung wissen wir, dass wir die Nützlichkeit dieser Annahmen erst dann anfangen zu hinterfragen, wenn sie sich als nicht hilfreich erwiesen haben, das heißt, wenn wir in eine Krise geraten sind.

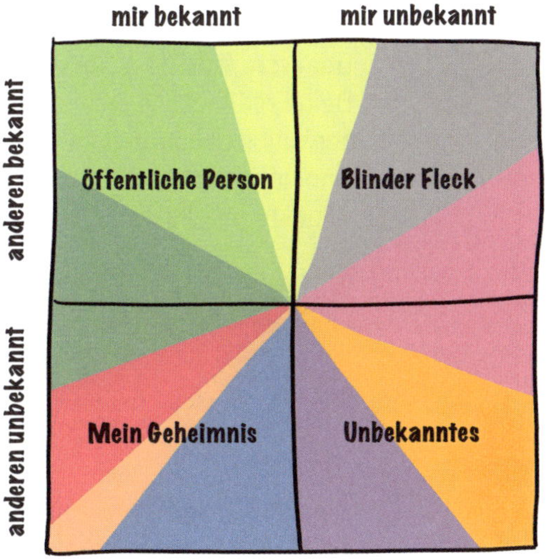

In Bezug auf Beruf und Studium äußert sich eine solche Krise zum Beispiel in Form eines Burnouts, oder es zeigt sich daran, dass unsere Prüfungsleistungen extrem abfallen. Deshalb ist es wichtig, dass wir die Hypothesen, die unserem Handeln zugrunde liegen, immer wieder reflektieren und hinterfragen. Wir überprüfen regelmäßig ihre Nützlichkeit, denn Hypothesen in menschlichen Systemen müssen immer wieder neu gebildet werden. Der Grund dafür ist, dass sich der Kontext und die Rahmenbedingungen, in denen wir uns bewegen, ständig verändern.

Wenn wir unsere Hypothesen nicht über Bord werfen, dann werden wir im Hamsterrad verharren, bis es zur Resignation oder zum Burnout kommt.

Hypothesen zu hinterfragen ist jedoch schwierig, wenn sie dein eigenes Leben betreffen, weil du damit deine Annahmen immer wieder in Frage stellst, die bislang nützlich waren. Dies hat zur Folge, dass du eingespielte Routinen und Denkmuster aufgeben musst, die du über die Jahre liebgewonnen hast. Es ist die Zeit gekommen, Platz für Neues zu schaffen. Die bislang gültigen Hypothesen waren zum Beispiel bei Stephan sehr stark von seiner Familie geprägt. Erst durch sein Studium hat er seine «eigene Art zu denken» zum Gegenstand der Reflexion machen können. Jetzt ist die Zeit gekommen, neue Hypothesen zu formulieren.

Hypothesen formulieren

Der **erste Schritt** zu einer neuen Hypothese besteht in der Reflexion. Dein Ergebnis aus den ersten Reflexionen zu den Werten, Denkpräferenzen und motivierenden Umgebungsfaktoren geben dir bereits erste Anhaltspunkte für das, was dir wichtig ist. Zudem kannst du verschiedene Aspekte reflektieren. Du fragst dich zum Beispiel:

Welche Fächer haben dir in der Schule, in der Ausbildung und im Studium besonders viel Freude bereitet?

Welche Themen haben in letzter Zeit dein Interesse geweckt, als du dich mit Kollegen und Freunden unterhalten hast?

Für welches Thema würdest du deine Freizeit investieren, um es zu vertiefen und mehr darüber zu lernen?

Gibt es Dienstleistungen oder Produkte, die dich faszinieren? Warum sind sie für dich von Interesse und möchtest du mehr darüber erfahren, wie diese Angebote entstehen und wer dahintersteht?

Design Your Future

Der **zweite Schritt** besteht darin, zwei bis drei Statements aus deinen Interessen zu formulieren und eines davon auszuwählen, welches dir am meisten zusagt. Zum Beispiel könnte Stephan schreiben:

Ich mag generell Wirtschaftsthemen und Innovationen. Besonders interessieren mich neue Technologien und wie diese gewinnbringend in Future of Work eingebracht werden können.

Der **dritte Schritt** besteht darin, eine Vielzahl von «Ich glaube, ich will …»-Aussagen zu formulieren. Stephan hat daraus zum Beispiel neben vielen anderen Aussagen den folgenden Satz formuliert:

Ich glaube, ich will in einem Unternehmen arbeiten, das die neuste Technologie einsetzt oder diese selbst entwickelt.

Der **vierte Schritt** ist der Vergleich mit deiner aktuellen Situation, den gerade gewonnenen Erkenntnissen und den bisher vorherrschenden Hypothesen.

Wie passt deine «neue Weltsicht» auf das bestehende System? Was ist die Kluft zwischen deiner «persönlichen Welt» und den neuen Gegebenheiten?

Ergebnis der Reflexion

Die durchgeführten Reflexionen über unsere Fähigkeiten, Werte und motivierenden Umgebungsfaktoren helfen uns bei der Auswahl von Möglichkeiten und Optionen hinsichtlich unserer Berufs- und Karriereplanung.

Design Your Future

Stephans Fähigkeiten, Werte und motivierende Umgebungsfaktoren

- Stephans Denkpräferenz liegt auf der rechten Gehirnhälfte. Er kann zum Beispiel sehr gut auf andere Menschen zugehen und ist sehr empathisch. Zudem löst er zum Beispiel Probleme eher intuitiv.

HBDI-Profil von Stephan

- Bei den Werten stehen bei Stephan «Unabhängigkeit», «Lebensstandard», «Aktivität» und «Dazugehören» ganz oben auf der Pyramide.
- In der Reflexion der Umgebungsfaktoren legt Stephan besonders großen Wert auf «Sicherheit und Stabilität», «Klare Spielregeln», «Freundliche, offene Atmosphäre» und «Wenig Detailarbeit»

Finde dein «BIG LIKE» und nimm die Möglichkeiten, die geboten werden, wahr.

Welche neuen Erkenntnisse hat deine Reflexion in Bezug auf deine Fähigkeiten, Werte, Umgebungsfaktoren und Abgleich der bestehenden und neuen Hypothesen gebracht?

Gestaltung von Karrierepfaden

So unterschiedlich jeder Einzelne von uns ist, so verschieden sind auch unsere Berufs- und Karrierewege. Bekanntlich führen zudem «viele Wege nach Rom», und schließlich ist eine Karriere immer dann erfolgreich, wenn wir uns bei dem, was wir tun, glücklich fühlen. Bei der Gestaltung von Karrierepfaden möchten wir uns möglichst viele Wege vorstellen, testen und reflektieren. Diese Iteration hilft uns, eine bessere Selektion von Optionen vorzunehmen und somit entweder den Raum für Veränderungen zu schaffen oder uns in dem zu bestätigen, was wir aktuell machen.

Optionen für die Berufs- und Karriereplanung erstellen

Aus unserer Erfahrung gibt es meist zwei kritische Situationen in Bezug auf die Karriereplanung. Entweder befinden wir uns in einem Vakuum und wissen generell nicht, was wir in Bezug auf Karriere oder Beruf machen sollen, oder wir sind schon einen Schritt weiter, haben Optionen, aber keine Ahnung, welche wir wählen sollten. Falls du schon konkrete Optionen hast, kannst du direkt auf Seite 224 weitermachen. Wir empfehlen jedoch, diese Übung in beiden Fällen zu durchlaufen, da sie oft neue und unerwartete Erkenntnisse bringt.

Gestalte nicht nur einen Karriereplan, sondern viele verschiedene Versionen. Selbst wenn wir bereits einen Weg eingeschlagen haben, sind verschiedene Optionen wertvoll für unsere Entwicklung.

Für die erste Variante, in der wir keine Ahnung haben, was als Nächstes kommen soll, bedienen wir uns des Modells von Bill Burnett und Dave Evans. Sie empfehlen, dass wir drei Berufs- und Karrierepläne gestalten sollen, und zwar mit den folgenden Ausprägungen:

1. Fortführung deiner aktuellen Karriere, mit der du mehr oder weniger zufrieden bist: «Du folgst dem Pfad, auf dem du dich bereits befindest.»

2. Die Gestaltung einer neuen Karriere, was bedeutet, dass es die aktuelle Stelle nicht mehr gibt: «Du musst dir einen Plan B ausdenken.»

3. Die Gestaltung eines Lebens, bei dem Geld und aktueller Status keine Rolle spielen: «Du kannst das machen, was dir Spaß macht.»

Stephan findet die drei Fragestellungen spannend: den Fokus «So weiter wie bisher», «Was wäre, wenn es den aktuellen Pfad nicht mehr geben würde» und die Variante «Luna-Park», also nur das zu machen, was Spaß macht. Er erstellt – basierend auf den Fragestellungen – drei Lebenspläne. Ausgangslage ist immer sein Bachelor-Abschluss der Wirtschaftsinformatik.

Stephans Lebensplan: «Weiterstudieren»

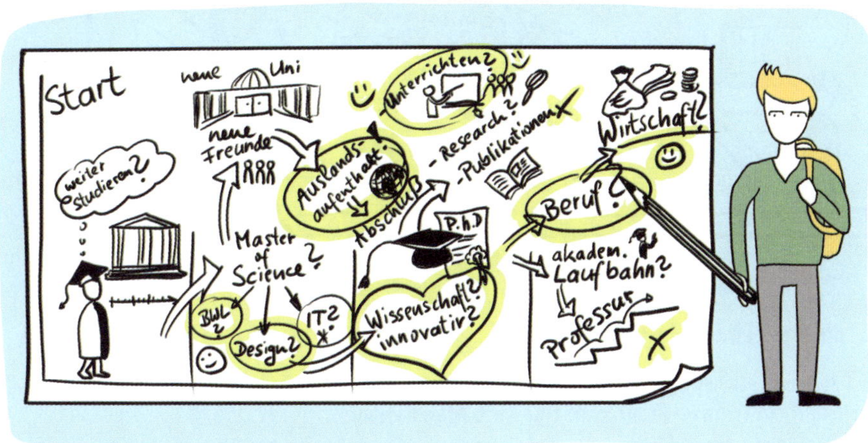

Fragen, die der Lebensplan adressiert:

- **Ist Forschung etwas, was ich mir vorstellen kann?**
- **Soll ich weiterhin Wirtschaftsinformatik studieren oder etwas anderes?**
- **Will ich in der Industrie arbeiten oder an einer Uni?**

Ich mag generell die Idee und Vorstellung	Ich habe genügend Selbstvertrauen für die Umsetzung	Stimmig mit meinen Vorstellungen	Ich habe genügend Geld, Zeit und Energie

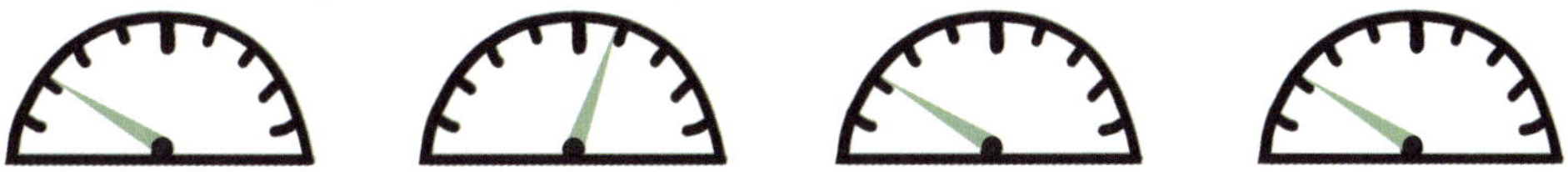

kalt – heiß	leer – voll	0 – 100	0 – 100

Erkenntnisse:

- **Ein MSc ist eine gute Idee, aber IT ist nicht mein Ding.**
- **Ein neues Umfeld und ein neues Land würden mich reizen.**
- **Wie die Arbeit an der Uni ist, kann ich mir aktuell nicht vorstellen.**

Stephans Lebensplan: «Studium ist keine Option»

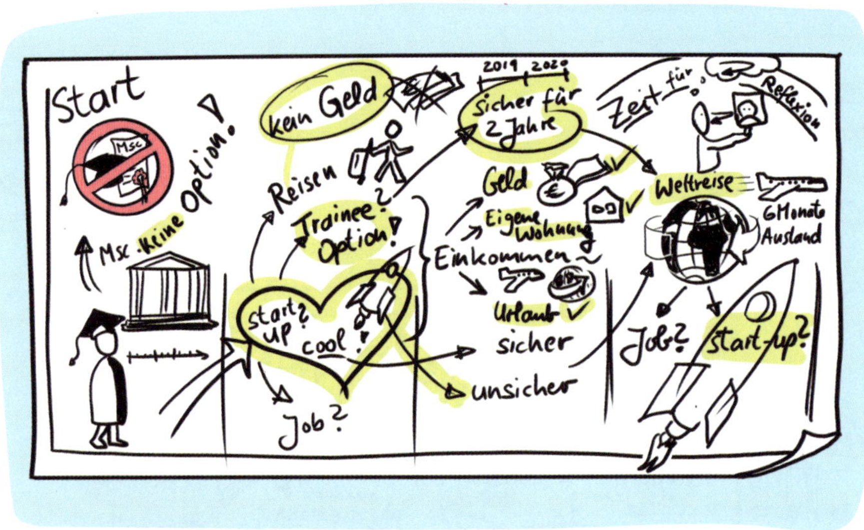

Fragen, die der Lebensplan adressiert:

- Kann ich ohne Erfahrung in einem Start-up überhaupt einen Mehrwert leisten?
- Ist vielleicht ein Trainee-Programm eine gute Alternative?
- Steht mir danach alles offen?

Ich mag generell die Idee und Vorstellung | Ich habe genügend Selbstvertrauen für die Umsetzung | Stimmig mit meinen Vorstellungen | Ich habe genügend Geld, Zeit und Energie

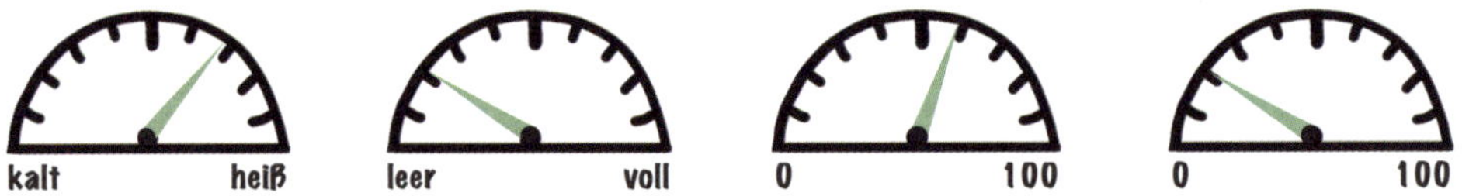

Erkenntnisse:

- In einem Start-up zu arbeiten hört sich «cool» an, ist aber irgendwie unsicher.
- Ein Trainee-Programm ist auf zwei Jahre begrenzt, und man verdient sogar mehr als in einem Start-up.
- Irgendwie zieht es mich in die weite Welt, und eine längere Reise ist mein Traum. Hierfür muss ich aber zuerst sparen.

Stephans Lebensplan: «Nur das machen, was Spaß macht»

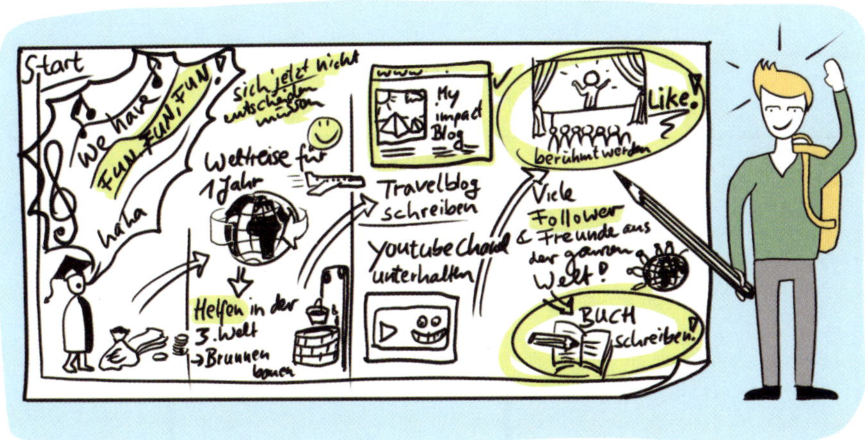

Fragen, die der Lebensplan adressiert:

- Möchte ich überhaupt so lange durch die Welt reisen?
- Wie finde ich Projekte, bei denen ich helfen kann?
- Entspricht es meinen Vorstellungen und meiner Persönlichkeit, berühmt zu werden?

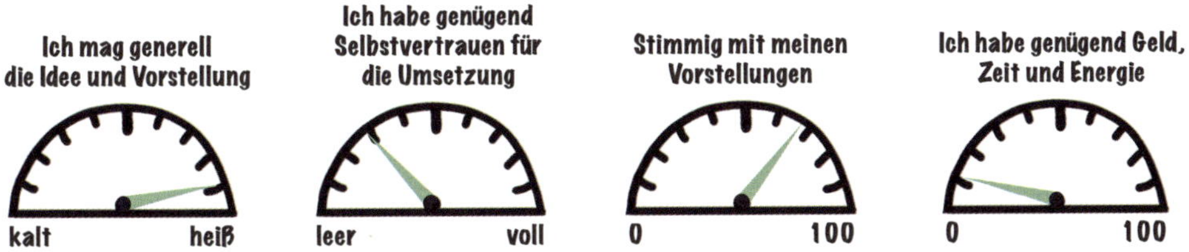

Erkenntnisse:

- Einfach jetzt alles stehenlassen und die Welt bereisen klingt toll, bin mir aber nicht sicher, ob ich mich sofort trauen würde.
- Die Vorstellung, irgendwie zu helfen und kreative Lösungen zu finden, ist eine schöne Vorstellung, mit der ich mich wohlfühle.
- Eigentlich möchte ich nicht berühmt werden, wenn ich es mir so recht überlege. Höchstens um meiner Ex-Freundin zu zeigen, dass ich «voll was drauf habe».

Wie würde deine Karriere verlaufen, wenn du nichts veränderst?

Karriereplan 1:

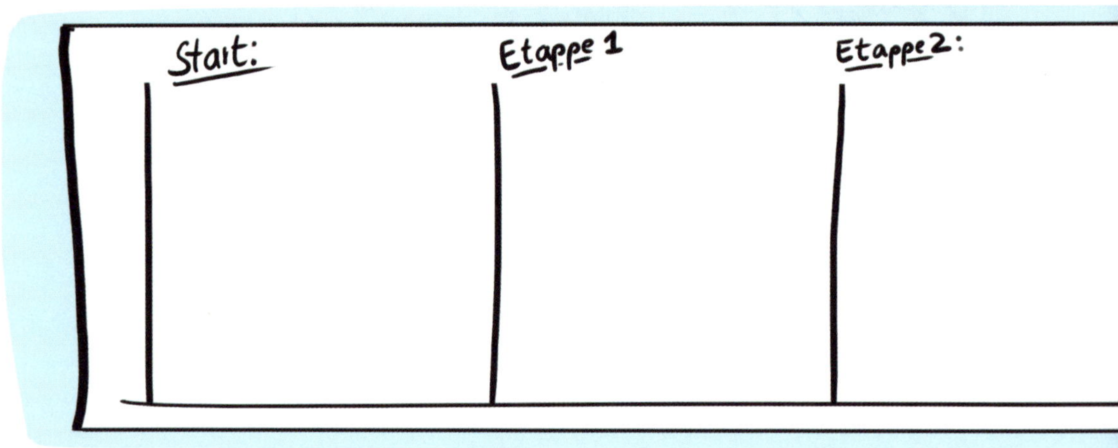

Fragen, die der Karriereplan adressiert:

Erkenntnisse:

Etappe 3:

Wunschbild:

Ich mag generell die Idee und Vorstellung

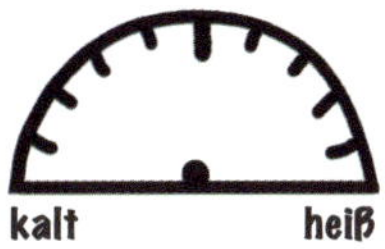

Ich habe genügend Selbstvertrauen für die Umsetzung

Stimmig mit meinen Vorstellungen

Ich habe genügend Geld, Zeit und Energie

Was würdest du machen, wenn die aktuelle Stelle oder Position nicht mehr existieren würde?

Karriereplan 2:

Fragen, die der Karriereplan adressiert:

Erkenntnisse:

Ich mag generell die Idee und Vorstellung | Ich habe genügend Selbstvertrauen für die Umsetzung | Stimmig mit meinen Vorstellungen | Ich habe genügend Geld, Zeit und Energie

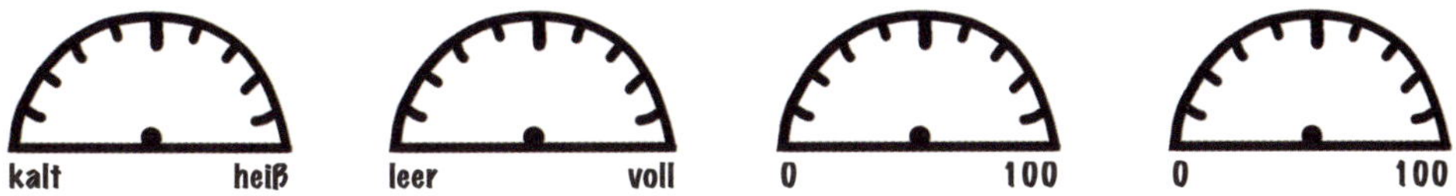

Wie würde deine Karriere oder Situation aussehen, wenn Geld und Status keine Rolle spielen?

Karriereplan 3:

Fragen, die der Karriereplan adressiert:

Erkenntnisse:

Etappe 3:

Wunschbild:

Ich mag generell die Idee und Vorstellung

Ich habe genügend Selbstvertrauen für die Umsetzung

Stimmig mit meinen Vorstellungen

Ich habe genügend Geld, Zeit und Energie

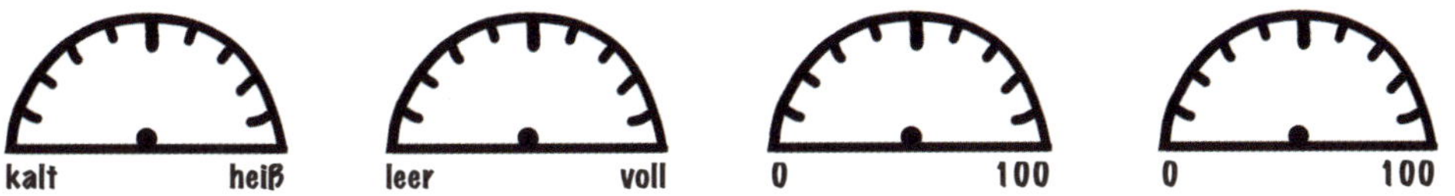

Optionen bewerten, testen und umsetzen

Die richtige Wahl zu treffen ist leichter gesagt als getan. Und obwohl wir inzwischen wissen, dass es immer und zu jedem Zeitpunkt mehrere Möglichkeiten gibt, tun wir uns schwer damit, einen neuen Pfad einzuschlagen und bestehende Wege zu verlassen. Der Grund dafür ist, dass wir uns in der Komfortzone niedergelassen haben oder oftmals denken, dass unser tägliches Hamsterrad uns irgendwann an einen Punkt bringt, an dem wir Freude empfinden. Wenn wir im bisherigen DYF-Prozess neue Erkenntnisse gewonnen haben, so ist jetzt der richtige Zeitpunkt, eine Veränderung anzustoßen.

Auf welche Option fokussieren?

Im Design Thinking entstehen geeignete Lösungen in der Schnittmenge zwischen den Bedürfnissen des Nutzers (Wünschbarkeit), einer Lösung, die rentabel ist (Wirtschaftlichkeit), und der Umsetzbarkeit (Machbarkeit).

Für die Berufs- und Karriereplanung lassen sich daraus drei zentrale Fragen ableiten:

1) Was möchtest du tun?
2) Welche Fähigkeiten besitzt du?
3) Was für ein Talent sucht der Markt?

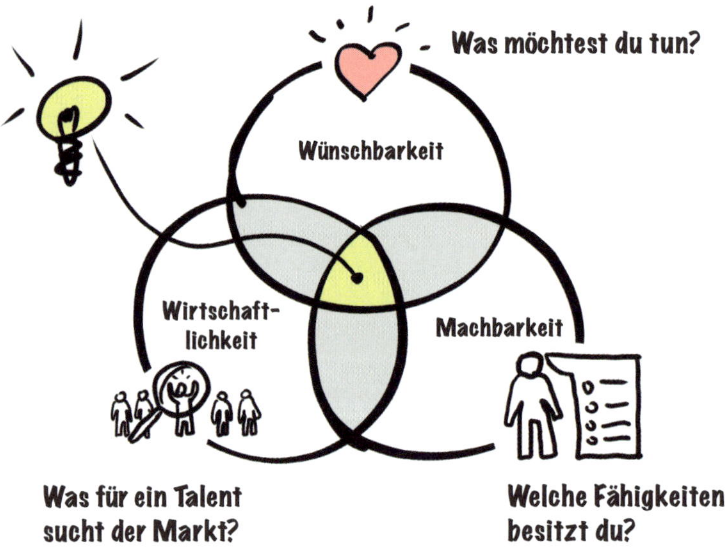

Warum sind die drei Dimensionen wichtig?

- Sie reduzieren dein Risiko, einen unpassenden Karriereschritt zu machen.
- Sie helfen dir, schneller herauszufinden, was du wirklich machen möchtest.
- Sie öffnen neue Perspektiven und Möglichkeiten.

Bislang haben wir die Wirtschaftlichkeit bei der Gestaltung von Berufs- und Karriereplänen außer Acht gelassen und uns hauptsächlich auf die Wünschbarkeit und Machbarkeit konzentriert.

Die beiden letzteren Eigenschaften sind für uns im «Design Your Future» vorrangig, weil wir davon überzeugt sind, dass wir nur dann erfolgreich sind, wenn wir einer Tätigkeit nachgehen, die uns Freude bereitet. Unsere Definition einer erfolgreichen Karriere basiert also nicht auf der Höhe des Jahreseinkommens, sondern darauf, dass wir etwas leisten, auf das wir stolz sind, wofür wir Anerkennung erhalten und das wir als sinnstiftend empfinden. Also Antworten auf die Frage: Wofür tun wir etwas?

Dennoch ist die Wirtschaftlichkeit ein Teil der Berufs- und Karriereplanung und wir sollten analysieren, welche Branchen, Firmen und Aufgaben auch in Zukunft Bestand haben. Solche Prognosen können wir aus Statistiken, Foresight- und Trendpapieren entnehmen. Zudem gibt es Berufe, die durch die zunehmende Digitalisierung und Automatisierung über kurz oder lang verschwinden werden. Auf der anderen Seite gibt es unzählige neue Aufgabengebiete, die dadurch entstehen und neue Möglichkeiten bieten. Oftmals verändern sich auch die Inhalte und die benötigten Fähigkeiten in einem bestimmten Beruf. Wer also arbeitsmarktfähig bleiben möchte, der muss sich ständig weiterbilden, um so den wechselnden Anforderungen gerecht zu werden.

Wir möchten an dieser Stelle nochmals daran erinnern, dass all unsere Lebensbereiche in einem Zusammenhang stehen. Wir haben uns im ersten Teil des DESIGN YOUR FUTURE Playbooks dieses System als Mobile vorgestellt. Beruf und Karriere sind ein Teil dieses Systems und nur wenn es ausgeglichen ist, können wir ein erfülltes Leben führen. Auf den nächsten Seiten haben wir Techniken und Strategien bereitgestellt, um die Auswahl der Optionen zu vereinfachen.

Im DESIGN YOUR FUTURE CAREER geht es um deine Bedürfnisse, Fähigkeiten und den Match deines Talents mit den Anforderungen am Arbeitsmarkt.

Auswahl der Ideen und Konzepte

Viele Ideen und Konzepte sind super, aber die Auswahl angesichts ihrer Fülle oft schwierig. Um deine drei Karrierepläne hinsichtlich der Wünschbarkeit, Machbarkeit und Wirtschaftlichkeit zu reflektieren, können dir die folgenden Fragen eine Hilfestellung geben.

Karriereplan:	1	2	3
1) Wünschbarkeit: Welcher Plan schneidet im Selbstreflexion-Dashboard am besten ab?			
2) Machbarkeit: Welcher Plan passt am besten zu deinen Fähigkeiten, Werten und Umgebungsfaktoren?			
3) Wirtschaftlichkeit: Welcher Plan ist aussichtsreich in Bezug auf einen Job und angemessene Bezahlung?			
Welche Pläne oder Teile daraus sind spannend, cool und sollten getestet werden?			

Notizen:

Das Tetralemma

In der Bewertung von Berufs- oder Karriereplänen haben wir gemerkt, dass es gar nicht so einfach ist, sich zwischen zwei Optionen zu entscheiden. Also im Fall eines Studiums zum Beispiel die Frage, ob Wirtschaft oder IT studieren, oder im Rahmen des nächsten Karriereschritts, ob mehr Geld oder mehr Freizeit zu haben.

Bei der Formulierung von Optionen der Berufs- und Karriereplanung auf Seite 214 ff. haben wir zum Beispiel in Option eins den aktuellen Pfad weitergeführt, in der zweiten Option eine vollkommen neue Karriere gestaltet und mit Option drei einfach das machen können, was uns Spaß macht.

Durch unsere anschließende Bewertung haben wir versucht, eine Entweder-oder-Haltung einzunehmen. Die Methode des Tetralemmas geht jedoch noch einen Schritt weiter und sucht konkret nach den Sowohl-als-auch-Möglichkeiten und neuen Überlegungen, falls gar keine Option überzeugt. Aufgrund unserer Erfahrung wird es – basierend auf den drei definierten Optionen – häufig Sowohl-als-auch-Lösungen geben. So könnte aus dem «Mehr Freizeit oder mehr Geld»-Dilemma ein Job zum gleichen Einkommen, aber mit einem 90 %-Pensum werden.

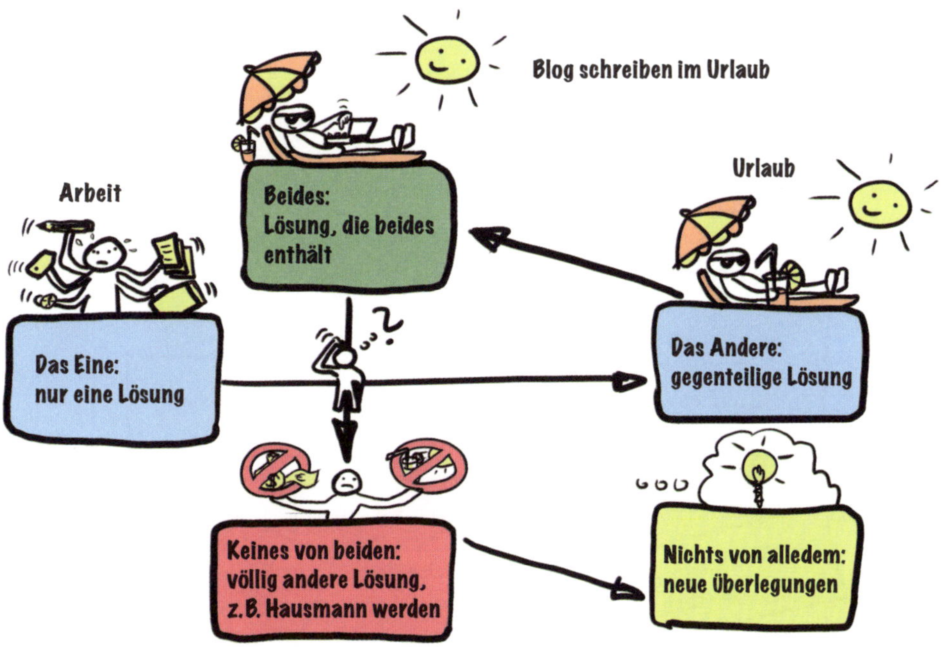

Wie können wir die definierten und kombinierten Karrierepläne testen?

Für das Testen von Möglichkeiten und Ideen hatten wir bereits auf Seite 156 ff. verschiedene Vorgehen aufgezeigt. Oftmals macht es Sinn, auch für diesen Schritt ein Brainstorming bzw. Brainwriting zu nutzen, um die präferierten Karrierepläne im richtigen Kontext zu testen. Oftmals haben Familienmitglieder und Freunde ebenfalls gute Ideen, die bei einem Brainstorming helfen können. Also warum sich nicht Unterstützung holen?

Stephans Brainstorming

Stephan macht zuerst ein Brainstorming zu potenziellen Möglichkeiten, den Karriereplan zu testen, und zu potenziellen Firmen, Organisationen und Branchen, die zur Karriereplanung passen. Danach selektiert er nach dem Brainstorming die besten Ideen und erstellt eine Liste mit Handlungen, die notwendig sind, um die Möglichkeiten auszuloten.

Wer? Was? Wo? Wann?

Stephan erstellt eine Liste mit den Aktivitäten.
Er wird so konkret wie möglich in seiner Planung.

1. **Mit meinem Bruder sprechen und ihn einen bis zwei Tage an die Universität Zürich begleiten, am besten nächste Woche.**
2. **Probearbeiten in einem Technologie-Start-up, ...**
3. **......**
4. **......**

Brainstorming zum Testen von Karriereplan:

Welche Möglichkeiten gibt es, um deinen Karriereplan zu testen?
Welche Positionen, Firmen, Organisationen und Branchen passen zur Karriereplanung?
Am Ende erstellst du eine Liste, um festzulegen, mit wem du wann was testest.

Brainstorming zum Testen von Karriereplan:

Liste mit Aktivitäten (Wer? Was? Wann? Wo?)

Design Your Future

WER	WAS	WANN	WO
			☐
			☐
			☐
			☐
			☐

Optionen testen

Bislang haben wir, wie auch Stephan, unsere Optionen nur aufgrund unserer Fähigkeiten und Werte mit verschiedenen Werkzeugen bewertet.

Nun geht es darum, unsere Ideen zu testen, um zu sehen, wie wir uns in den gewünschten Lebenssituationen fühlen und zurechtfinden können.

Wir experimentieren mit unseren Karriereplänen, um Antworten auf unsere Fragen zu bekommen, Erfahrungen zu sammeln, und schließlich unsere Thesen zu prüfen.

Stephans Ansatz zum Testen der Optionen Doktorat, Start-up oder Traineeprogramm

Situationsbeschrieb von Stephan:

Ich habe zwei Tage mit meinem Bruder an der Uni verbracht. An einem Tag war eine interne Konferenz, an der in kleinen Break-out-Sessions Themen diskutiert wurden. Ich hatte extrem viel Freude an den Diskussionen und schätzte den Umgang, der zwischen den Kollegen an der Uni herrschte.

Am zweiten Tag erlebte ich einen eher alltäglichen Arbeitstag meines Bruders. Er hielt ein Tutorium, er gab eine Vorlesung und am Nachmittag waren sehr langweilige Sitzungen mit verschiedenen Fachgremien. Mir kam dieser Tag wie eine halbe Ewigkeit vor und ich war heilfroh, als ich um 18 Uhr mit meinem Bruder die Uni verlassen konnte.

Ebenfalls hatte ich die Möglichkeit, bei einem Start-up für zwei Tage Probe zu arbeiten. Am ersten Tag durfte ich gleich den CEO treffen, der aber nicht viel Zeit hatte. Er gab mir eine kurze Einweisung und Zugang zu einem Software-Repository. Danach war ich auf mich alleine gestellt. Die Kollegen hatten wenig Zeit, um meine Fragen zu beantworten, und wenn ich nach Guidelines fragte, merkte ich, dass alles etwas chaotisch war.

Der erste Tag, den Stephan mit seinem Bruder verbracht hatte, war sehr spannend. Am zweiten Tag langweilte er sich zu Tode. Auch die Interaktion mit Unternehmensgründern war eher ernüchternd für Stephan. Es gab viel zu tun und wenig Struktur. Meist war Stephan ziemlich alleine mit seinen Problemen und Fragen.

Situationsbeschrieb von Stephan:

An einer Geburtstagsfeier in lustiger Runde mit Freunden habe ich von DYF erzählt und dass ich aktuell darüber nachdenke, weiterzustudieren oder eher zu arbeiten. Einer Freundin von mir kam diese Situation bekannt vor. Sie berichtete mir von ihrem Trainee-Programm.

Eine weitere interessante Perspektive zum «Berufseinstieg» hat sich durch ein Gespräch mit einer Freundin von Stephan ergeben. Sie hat ein zweijähriges Trainee-Programm bei einem großen IT-Konzern gemacht. Das Programm erlaubte es ihr, verschiedene Projekte und Abteilungen kennenzulernen. Programmieren musste sie gar nicht, da sie in den Bereichen Marketing, Strategie und Partnermanagement ihre Stationen hatte. Ihre Affinität zu IT kam ihr natürlich zugute.

Wir möchten unsere Optionen testen und auf diese Weise möglichst viele neue Erkenntnisse gewinnen. Nur so ist es uns möglich, mehr über unsere erwünschte Zukunft zu erfahren. Zudem hat auf unserer «Reise» Selbstreflexion eine zentrale Bedeutung.

Erkenntnisse sammeln und auswerten.

Durch Shadowing, Interviews, Praktika und kleine explorative Projekte kannst du Erkenntnisse sammeln, die du am besten dokumentierst. Typische Fragen:

Wie hat es angefühlt?
Was hat dir Freude bereitet oder auch Irritationen hervorgerufen?
Welche Karrierepläne oder Kombinationen aus verschiedenen Plänen präferierst du?
Was haben andere in dieser Situation gemacht?

Fokussieren und Umsetzen

Es ist Zeit, eine Wahl hinsichtlich unsere Karriere oder einzelner Etappen zu treffen und die ersten Schritte der Umsetzung anzugehen.

Am besten treten wir dazu einen Schritt zurück und betrachten unsere Selbstreflexion, Optionen und Ergebnisse aus unseren Experimenten nochmals aus der Ferne. So lässt sich am besten erkennen, welche Lösung sich als passend herauskristallisiert hat.

Für die Umsetzung empfehlen wir, sich Zeit zunehmen, erste kleine Schritte einzuleiten und eins nach dem anderen anzugehen. Eine Vision, ein Plan und eine To-do-Liste sind wirksame Instrumente für die Navigation, aber viel wichtiger ist, damit zu starten. Wir haben sehr gute Erfahrungen damit gemacht, kleine Etappen anzugehen, die Erfolge zu feiern und so schrittweise die Veränderung einzuleiten.

Zudem neigen wir oft dazu, zu viele Aufgaben sofort und parallel erledigen zu wollen. Wir laufen los, ohne zu wissen, wohin. Agilität und Geschwindigkeit in allen Ehren, aber nachdenken, handeln und reflektieren sind drei wichtige Grundsätze für eine erfolgreiche Anwendung dieses «DESIGN YOUR FUTURE» Mindsets.

Von innen sieht ein Hamsterrad wie eine Karriereleiter aus.

Erste Etappe eines neuen Pfads

Inzwischen hast du Übung darin, deine Energie auf positive Dinge zu lenken. Deshalb solltest du jetzt mit großer Energie und Engagement deine erste Etappe eines neuen Pfads umsetzen. Und an dieser Stelle braucht es keine neuen Methoden mehr von uns. Du wirst einfach handeln, weil du dir dafür Zeit nimmst und Freude daran hast. Und regelmäßig deine Hypothesen in Frage stellst.

- Was machst du zuerst?
- Wer kann dir helfen?
- Bis wann möchtest du die Etappe realisieren?

Zuletzt die Frage: Was ist aus Stephan geworden?

Stephan hatte größere Entscheidungen zu treffen. Nach seinem Bachelor hat er verschiedene Optionen. Zum einen könnte er einen Master anschließen und wie sein Bruder promovieren, wobei seine Beobachtungen ihn eher davon abschrecken, ein Doktorat anzutreten. Sein Bruder wohnte während seiner Promotion mit seiner Frau Maren und der kleinen Tochter in der Mansarde der Eltern. Das Geld war meist knapp und oft arbeitete er viele Stunden an der Uni, um neben seinen Forschungsarbeiten Vorlesungen vorzubereiten. Maren und Alex haben übrigens inzwischen ihre Pläne überdacht und sie planen, in die Welthauptstadt der internationalen Diplomatie, nach Genf, umzuziehen. Während der zwei Tage mit seinem Bruder gab es für Stephan positive Erlebnisse, aber auch sehr langweilige Elemente. Die Idee mit dem Start-up klingt für ihn sehr spannend, jedoch hat Stephan Bedenken, was sein Beitrag sein könnte. Bislang hat er gar keine Berufserfahrung, bis auf einen Ferienjob in einem Jugendlager.

Überforderung

In Gesprächen mit Unternehmensgründern hat er festgestellt, dass viele von ihnen zwischen dreißig und vierzig Jahre alt sind und oftmals bereits mit einem oder zwei Vorhaben gescheitert sind, bevor sie ein erfolgreiches Unternehmen gegründet haben.

Durch eine Freundin ist Stephan auf die Idee gekommen, bei einer Firma ein Traineeprogramm zu absolvieren. Die Idee gefällt Stephan, da er die Möglichkeit bekommen würde, in verschiedene Bereiche eines Unternehmens Einblick zu bekommen und zu sehen, was ihm wirklich liegt. Zudem gewinnt er etwas Zeit in Bezug auf die Idee, einen Master zu machen. Nach dem Traineeprogramm steht ihm alles offen: Weiterstudieren, Start-up oder Berufseinstieg.

Als Stephan anfing, sich mit DYF zu beschäftigen, war er etwas orientierungslos. Für ihn war es erstmal wichtig, herauszufinden, wo seine Stärken und Schwächen, Handlungs- und Denkpräferenzen als auch seine Neigungen liegen. In den nächsten Jahren wird er im Rahmen seines Traineeprogramms diese neuen Annahmen testen!

Perspektive

Reflexionsfragen zu Optionen

Große Veränderungen haben Auswirkungen. Und um das Hamsterrad zu verlassen, müssen wir oftmals Strukturen, Prozesse und Spielregeln grundlegend anpassen. Am Ende von Teil 2 möchten wir dir acht Reflexionsfragen zu deinen individuell gewählten Optionen an die Hand geben, deren Beantwortung schnell zeigt, ob du bereit bist, nicht nur *im* System, sondern auch *am* System zu arbeiten. Falls du bei einzelnen Aussagen noch Zweifel in Bezug auf die präferierte Option hast, macht es Sinn, sich zu einzelnen Aussagen nochmals Gedanken zu machen oder den Karrierepfad zu überdenken.

Entscheidung für eine Option reflektieren

Was auch immer dein Talent ist, schäm dich nicht dafür. Nimm es lieber an, teile es und mach etwas daraus.

1) Dir ist bewusst, welches Ziel du mit der Veränderung erreichen möchtest und auf welche Lebensbereiche dieses Einfluss hat.

ja	teilweise	noch nicht

2) Du reflektierst, was bei den letzten großen Veränderungen zum Erfolg oder zum Misserfolg beigetragen hat, und du nutzt diese Erkenntnisse für deine aktuelle Situation.

ja	teilweise	noch nicht

3) Du hast dir bewusstgemacht, wer alles von der neuen Situation betroffen sein wird. Du kennst die Befürworter der Veränderung und wer möglicherweise etwas dagegen haben könnte.

ja	teilweise	noch nicht

4) Du weißt, worauf du verzichten musst und was du loslassen musst, wenn du dich für eine Option entschieden hast. Du bist bereit, diesen Verzicht, der mit jeder Veränderung einhergeht, zu akzeptieren.

ja	teilweise	noch nicht

5) Du weißt, was du konkret als Nächstes unternehmen musst, um dein Ziel zu erreichen.

ja	teilweise	noch nicht

6) Du weißt, wer dich in Bezug auf dein Vorhaben unterstützen wird, und du hast Menschen identifiziert, die ähnliche Veränderungen angestoßen haben und dir mit Rat beiseite stehen können.

ja	teilweise	noch nicht

7) Du hast dir vor dem inneren Auge vorgestellt, wie du über die anstehende Veränderung in zwei oder fünf Jahren denken wirst, wenn du zurückblicken wirst.

ja	teilweise	noch nicht

8) Nachdem du die gewählte Option mit deinen Antworten dieser Reflexion durchleuchtet hast: Bleibst du bei deinem Entscheid?

ja	teilweise	noch nicht

Zu guter Letzt – Nach der Reise ist vor der Reise

Das DYF Mindset hilft uns bei der eigenen Veränderung, aber es ist auch die Basis für die Veränderung von Organisationen, Firmen und anderen Systemen. Selbstwirksamkeit und -bewusstsein sind der Schlüssel dazu, nicht nur zu träumen, sondern das Leben in die eigene Hand zu nehmen und es aktiv nach den eigenen Vorstellungen zu leben. Wir möchten am Ende dieses Playbooks nochmals ermutigen, die Gestaltung der Veränderung als etwas Kontinuierliches zu sehen, um so schließlich mehr Wohlbefinden zu erlangen. Die Denkregeln fassen die wichtigsten DYF-Techniken und -Strategien zusammen und machen uns bewusst, dass wir das Drehbuch des Lebens selbst schreiben und wir es immer - in jedem Moment - umschreiben, sprich verändern können.

Wir sind auf den letzten Buchseiten von DYF angekommen und eigentlich können wir wieder auf Seite 1 beginnen, da unser Leben im Sinne der spiralförmigen Entwicklung permanent in Bewegung ist und immer wieder neue Fragen in den unterschiedlichen Lebensbereichen auftauchen werden. Zudem hat es einen positiven Einfluss auf unser Wohlbefinden und unsere Selbstwirksamkeit, wenn wir in regelmäßigen Abständen reflektieren, wo wir gerade stehen.

Durch DYF haben wir erkannt, dass es im Leben Situationen gibt, die wir akzeptieren müssen, und lösbare Probleme, die wir aktiv angehen können. Manchmal hilft es auch, Probleme von verschiedenen Seiten zu betrachten (Reframing), um damit anders und besser umzugehen oder sie einfach akzeptieren zu können. Ein tiefes Verständnis über uns selbst und die Sicht von anderen über unser Handeln geben uns wichtige Anstöße zur Veränderung. Wichtig hierbei ist das Mindset (unsere Einstellung), verbunden mit Strategien und Techniken, die unsere Veränderung begleiten.

Wie beim Design Thinking ist es im «DESIGN YOUR FUTURE»-Paradigma unabdingbar, unsere Prototypen und Konzepte zu testen sowie Iterationen durchzuführen, um schließlich neue Wege gehen zu können. Die Fähigkeit, bestehende Gewässer zu verlassen, kann trainiert werden. Wenn wir dieses Konzept auf uns selbst anwenden, dann sind wir bestens gerüstet, dieses Mindset auch in unserem Arbeitsalltag, in der Transformation von Teams oder in Organisationen und Unternehmen gewinnbringend einzubringen. Menschen, denen dies gelingt, schreiben das Drehbuch ihres Lebens selbstwirksam!

Für die tägliche Motivation zur Gestaltung von Veränderung, für den Weg zur Selbstwirksamkeit und zu einem gesteigerten Wohlbefinden helfen die folgenden Denkregeln:

- Denk das Undenkbare – denk «out of the box».
- Unterscheide zwischen Sachverhalten und lösbaren Problemen. Eine gute Problemdefinition ist die beste Ausgangslage für die Gestaltung von Veränderung.
- Reflektiere die Aussagen vom Fremdbild, es sind Hinweise darauf, dass wir möglicherweise unsere Hypothesen verwerfen müssen und eine Neuausrichtung starten sollten.
- Veränderung fängt immer bei dir selbst an. Andere für unsere Situation verantwortlich zu machen, ist kurzfristig gut für unsere Psychohygiene, aber es macht uns nicht handlungsfähig.
- Teste neue Lebenskonzepte und wage dich an Grenzen heran, nur so kannst du sie irgendwann überschreiten.
- Habe eine große Vision, die du in kleinen Schritten realisieren oder anpassen wirst.
- Veränderung bringt auch immer Widerstand mit sich. Zu wissen, wer unterstützt und wer verhindert, hilft bei der Definition der nächsten Schritte.
- Und zu guter Letzt: Es kommt meistens anders als gedacht und deshalb ist das Design unseres Lebens eine kontinuierliche Aufgabe, bei der jederzeit wieder neue Richtungen eingeschlagen werden können.

Nur wer sein Gestern und Heute akzeptiert, kann sein Morgen frei gestalten.

Nur wer loslässt, hat freie Hände, die Zukunft zu ergreifen.

Stichwortverzeichnis

DESIGN YOUR FUTURE in der Anwendung

Das DESIGN YOUR FUTURE Mindset hilft Menschen in den unterschiedlichsten Lebensphasen. Wir möchten euch am Ende des Buches mit ausgewählten Bildern von DYF-Workshops inspirieren. DYF als Online-Kurs oder mit anderen zu erleben, kann sehr bereichernd sein.

Beispiel
DESIGN YOUR FUTURE
Workshops für
Studierende und Professionals

Beispiel
DESIGN YOUR FUTURE
Online-Kurs

Beispiel
DESIGN YOUR FUTURE Workshop
für Beruf und Karriere

Beispiel
DESIGN YOUR FUTURE
für Executives und Manager

Zum Weiterlesen

Das Design Thinking Playbook
Michael Lewrick, Patrick Link und Larry Leifer (Hrsg.)
Mit traditionellen, aktuellen und zukünftigen Erfolgsfaktoren
ISBN Schweiz 978-3-03909-277-2
ISBN Deutschland 978-3-8006-5637-0
342 Seiten · broschiert

Das Design Thinking Toolbook
Michael Lewrick, Patrick Link und Larry Leifer (Hrsg.)
Tipps und Tricks aus der Design Thinking Community
ISBN Schweiz 978-3-03909-279-6
ISBN Deutschland 978-3-8006-5751-3
ca. 300 Seiten · broschiert

Spurenwechsel – Das Reflexions- und Notizbuch für erfolgreiches Handeln
Jean-Paul Thommen
ISBN 978-3-03909-151-5 · 160 Seiten · Format 17 × 24 cm, 112 Blankoseiten, fester Einband, abgerundete Ecken, Lesezeichen, Gummiband, Einstecktasche

Denkspuren – Das Notiz- und Skizzenbuch
Maria Brehmer und Thomas Woodtli
ISBN 978-3-03909-152-2 · 160 Seiten · Format 17 × 24 cm, 132 Blankoseiten, fester Einband, abgerundeten Ecken, Lesezeichen, Gummiband, Einstecktasche